民衆こそ王者

池田大作とその時代

14

トインビーとの対話 篇

潮出版社

民衆こそ王者　池田大作とその時代⑭　「トインビーとの対話」篇　目次

装丁／金田一亜弥
高畠なつみ
カバー写真／語り合う池田とトインビー
（一九七三年五月、ロンドンの
トインビーの自宅で）©聖教新聞社

民衆こそ王者

池田大作とその時代⑭

「トインビーとの対話」篇

第1章 現実の中で生きてこそ仏《ほとけ》――スイス

スイスには、さまざまな国籍の人が住んでいる。

中東のレバノンで生まれ、内戦に苦悩し、スイスに亡命したスイスＳＧＩ（創価学会インタナショナル）婦人部長のアンヌ＝マリー・チャボルド。彼女もまた、この国に理想を求めてやってきた一人である。

スイスを六度訪れた池田は友に訴えた。

「最も価値ある時間を、私たちは平和のために使っているのです」

「必要なのは、生命を根本から変革する人間革命の戦いです」

「わが国の人口は約八二〇万人ですが、『公用《こうよう》語《ご》』は四つもあるんですよ」

マッシモ・マラッツィはスイスSGI（創価学会インタナショナル）の理事長を務《つと》める。腕利《うでき》きの建築士でもある。美しい湖に恵《めぐ》まれた南スイスのルガノに生まれた。ルガノの人々はおもにイタリア語を使う。

スイスは大国に囲《かこ》まれている。国境の北はドイツと接しており、スイス北部はドイツ語を話す人が多い。同じ理由で西部はフランス語圏《けん》、南部はイタリア語圏。さらにロマンシュ語が加わり、スイスの公用語は四つである。

「誓《ちか》うとき、人は青年になる」

ふだんの学会活動は、たとえば北のチューリヒではドイツ語が、西のジュネーブではフラン

第１回スイス総会に出席し、ＳＧＩメンバーの輪の中に入り奮闘を称える池田
（1983年6月、チューリヒ）©Seikyo Shimbun

ス語が使われるが、座談会でドイツ語、フランス語、イタリア語、日本語などさまざまな言葉が飛び交《か》うのは日常の光景だ。

〈……スイスには六回行った。ジュネーブの雪道も歩いた。晩秋《ばんしゅう》のチューリヒ湖のほとりでも友と語り合った〉――池田大作は、スイスという国が生まれた由《ゆ》縁《えん》について〈誓いの集合体〉と綴《つづ》っている（二〇〇四年一月十二日付「聖教新聞」）。

――一二九一年、ハプスブルク家の圧政《あっせい》に対して、三つの地域の代表が「リュトリの丘《おか》」に集まり、力《ちから》を合わせて自由を守り抜くことを誓った。……花咲く丘のこの「誓い」から、スイスが誕生した。「誓約同《せいやくどう》盟《めい》」への賛同が次第に広がり、ついに連邦となったのだ。〈誓いの集合体〉、それがスイスなのである。七百年もの間、その誓いを貫《つらぬ》いてきた歴史こそ驚嘆《きょうたん》に値《あたい》する。

第二次世界大戦の時も、ナチスの侵略《しんりゃく》の危機に瀕《ひん》して、指導者はこの「誓いの丘」に代表を集めた。最後の一人になろうとも、伝統の自由を死守しようと誓いを新たにさせたのである。

――誓いが人格をつくる。誓いが人生を高める。全身で、やるぞと誓うとき、人は青年になる。だから、挑戦を始めるのに年齢は関係ない――

このアルプスの峰々《みねみね》を仰《あお》ぐ永世《えいせい》中立国にも、池田と弟子たちを結ぶ幾《いく》つもの〝誓い〟が生まれ、育《はぐく》まれてきた。

池田が初めてスイスを訪れたのは、一九六一年（昭和三十六年）十月十六日。スペインのマドリードからチューリヒに向かったが、飛行機はいったん、中継地のジュネーブに着いた。

スイスＳＧＩの実質的な歴史は、この四十分ほどの空港の待ち時間から始まった。

チューリヒからの電話

まだ創価学会の組織は影も形もなかった。しかし、数人の日本人が昼下がりのジュネーブ空港で池田を待っていた。その一人に高橋サキ子がいた。よく笑う快活《かいかつ》な女性だった。しかし当時は〈悩みきっていた〉（一九七一年一月十九日付「聖教新聞」）という。

神奈川の葉山からジュネーブに渡り、一年が経《た》っていた。〈四十年の人生の歩みのなかでも、最も深い谷底を一人で、あてもなくさまよっているときだった〉（同）。

ジュネーブの空港に乗り換えのため降り立った池田。駆けつけた高橋サキ子（右）に語りかける（1961年10月）©Seikyo Shimbun

サキ子は一九二一年（大正十年）に生まれた。スイスに来る数年前まで、関東のある大《おお》地主《じぬし》の家で家事手伝いをしていた。家の苗字《みょうじ》がそのまま村の名前になっているような家である。

家の主《あるじ》が転勤でスイスに赴任《ふにん》することになり、サキ子も請《こ》われて国境を越《こ》えた。それまで十年ほど雇《やと》ってくれた恩返しだと覚悟を決め、十六歳になる息子の洋二を親戚《しんせき》に預《あず》けてのスイス行きだった。

洋二はのちにスイスＳＧＩ理事長を務める。

「父は戦死し、母は女手一つで私を育ててくれました。スイスに行くかどうか、母はずいぶん悩んでいましたが、その時、葉山の佐藤さんという婦人部の方から折伏《しゃくぶく》され、創価学会に入りました」。

しかし、ジュネーブでの暮らしが始まって

しばらくすると、サキ子は雇《やと》い主から急に冷たく当たられるようになってしまう。〈異国の地で一人ぼっち。唯一の頼みの主《あるじ》は背を向ける〉（同）――塞《ふさ》ぎこむ日々が続いた。ジュネーブの街に焼き栗《ぐり》の屋台が並び始めるころ、パリに住む山崎鋭一（初代欧州ＳＧＩ議長、単行本『民衆こそ王者』第十三巻で詳述）から、池田が初めてヨーロッパを訪れることを知らされた。

のちに夫となる修理技士のアンドレ・ブローと連れだって、サキ子はジュネーブ空港に向かった。コート姿の池田は、サキ子たちを見つけると「悩みや聞きたいことがありますか」と尋ねた。仕事の悩み、離れて暮らす子どもの将来、そして再婚を考えていること。サキ子は思いの丈《たけ》を話した。何より心配だったのは、戦争の後、母一人、子一人で共に生きてきた息子が、異国の地での再婚に賛成してくれるかどうかだった。

空港の待ち時間は慌《あわ》ただしかった。池田との出会いを待ちわびていた他のメンバーもいた。〈じーっと聞いていた池田会長は「その問題については、今夜、チューリヒに泊《と》まるので、よく一晩考えてから返事をします。御本尊《ごほんぞん》をたもったのですから、これからは大丈夫ですよ」。会長一行は、チューリヒへ飛んでいった。翌日「チューリヒから長距離電話がかかってきたのです。びっくりしましたよ」〉とサキ子は振り返っている（同）。「初対面だった母の突然の相談事に、先生は信心を根本に、誠意を尽くして応《こた》えられました。母の蘇生《そせい》はあの日から始まりました」（高橋洋二）。

＊

２度目のスイス訪問の折、雪が舞うジュネーブ市街を散策する池田ら（1963年1月）©Seikyo Shimbun

言葉があまり通じなくても、すぐに仲良くなってしまう才能の持ち主がいる。高橋サキ子はそういう人だった。夫のアンドレが「日本にいる息子さんも面倒をみるから、スイスで一緒に住もう」と熱心に勧《すす》めてくれ、洋二をジュネーブに呼び寄せることもできた。

ジュネーブ空港での懇談から二年後、池田は再びスイスを訪れる。その時、サキ子は初代スイス地区部長に就《つ》く。毎週日曜の午後、自宅で座談会を開いた。最初は、スイス女子部の先駆者である秋田出身のドゥミエール民子と二人で始めた。やがて六十キロ以上離れたローザンヌやヴヴェイ方面、また二〇〇キロ以上離れた首都ベルンの山岳地帯やインターラーケンなどからも、少しずつメンバーが参加するようになった。

フランス語と日本語を交《まじ》えた気さくな対話で

親しまれたサキ子は、献身《けんしん》の日々を振り返り「池田先生への恩返しです」と語り残している。

「サキ子さんはパイオニア（先駆者）で、とても謙虚《けんきょ》な方《かた》でした。私が子どもの時、母に連れられてサキさんの家に行くと、必ず〝いなり寿司《ずし》〟をつくって待っていてくれました」

スイスＳＧＩ女子部長のイザベル・シュピューラーが語る。「私は最近、パイオニアの方々に『先駆者としてのかけがえのない体験を、青年部と共有してあげてください』とお願いしています。彼らが池田先生とともに『創価学会をゼロからつくった歴史』を、青年部こそ知っておくべきだからです」。

池田が植えた日蓮《にちれん》仏法の〝種〟は、スイスにも根を張《は》り、次の世代に受け継がれつつある。

イザベルはスイス人の父、日本人の母のもとに生まれた。ベルンに住み、スイス政府の依頼を受けた「ユリサーチ」という研究支援機関で働いている。ドイツ語、フランス語、英語、日本語に堪能《たんのう》だ。「イタリア語は、聞くのは大丈夫ですが、話すのが苦手です」と笑う。この四年間で三人の知人に弘教《ぐきょう》してきた。

「姉のジャネットは今、スウェーデンＳＧＩの女子部長をしていますが、十代のころは私も姉も、母の信仰に対して何かにつけて反発していました。でも二十歳前後に、三つの出来事が相《あい》次《つ》いで起こったのです」

一つは姉の変化だった。「ある年、姉はヨーロッパＳＧＩの夏の研修に参加しました。毎年、十数カ国の青年部が集まるのですが、帰ってきた姉はとてもハツラツとしていました。『なぜこんなに変わるの？』と驚くくらいに」。

二つめは親友の病《やまい》だった。「一番仲良しの友人が摂食《せっしょく》障害《しょうがい》で苦しんでいました。彼女の悪化していく症状をなんとか食い止めたかった。だから仲の悪かった母親にも相談しました。その時、私は母が〝他者《たしゃ》の苦しみを感じられる人〟だということに気づきました」。

イザベルの励ましもあって、親友はセラピストのもとに通えるようになり、少しずつ回復していった。親友は、治療を受けること自体が怖《こわ》くてたまらなかったという。症状そのものよりも、心に宿《やど》った得体《えたい》の知れない「恐怖《きょうふ》」が苦しみの原因だった。

親友との対話を通して、イザベルは信仰の価値に目覚めていく。「私自身も当時、『祈る』ということが怖かったんです。でも、母に知られるのは恥ずかしかったけれど、なんとしても友だちを励ましたくて、私は信心を始めました」。

「死」の恐怖を見つめた青春

三つめの出来事は、愛する祖父《そふ》の死だった。「祖父は肝臓《かんぞう》がんでした。亡くなる少し前、祖父から『死んだ後はどうなるんだ？』と、とても切迫《せっぱく》した様子で尋《たず》ねられました。私は初めて『死の恐怖』を目《ま》の当たりにしました。そんな祖父を支えることができたのも母でした」。

「母は高い教育を受けたわけではないし、特別な理論を持っているわけでもありません。母は私に『生きることについて知りたいなら、まず死を知らないといけない』と言ってくれました」

日蓮が夫を亡《な》くした女性に宛《あ》てた手紙の中に、〈先臨終《まずりんじゅう》の事を習《なろ》うて後《のち》に他事《たじ》を習《なろ》うべし〉——まず死のことを習って、その後に他のことを習うべきである——という一文がある（妙法《みょうほう》尼御前《あまごぜん》御返事、御書一四〇四㌻）。

「祖父の死は、母の強さを知るきっかけになりました。私は十九歳でしたが、『死について考え始めることを、年を重ねるまで待つ必要はない。確かな思想を持てば、精一杯《せいいっぱい》生き抜くことができる』と考えるようになりました」

イザベルは後年、日本で池田と会った時、「東京の大きな会合でのスピーチでしたが、まるで〝一対一の対話〟をされているように感じた」という。そして幼《おさな》いころ、母の節子から聞いていた「人生の大切なことは全部、池田先生から学んだ」という言葉を思い出した。

*

イザベルの母、節子シュピューラーは一九五一年（昭和二十六年）、鹿児島の谷山市（現在の鹿児島市）で生まれた。七歳の時、経済苦と病苦に悩んだ母のスミエとともに創価学会に入った。学会が「七十五万世帯」に達した直後のことだった。

「じつは私も十代の後半になると、母に対する反抗心《はんこうしん》が強くて、母の前ではなかなか祈ることができなかったんです」。節子は青年時代の心の葛藤《かっとう》を打ち明けてくれた。「二十代のころ、私は〝死にたい〟と思いつめる病になってしまい、病院に通いました」。

自分には価値がないと感じた。しかし家族には「迷惑《めいわく》をかけたくない」と思い、なかなか伝えられなかった。苦しみ抜いている渦中《かちゅう》、話し相手になってくれた親友が学会員だった。二人で話し合ったある日、机の上にジュースがあった。「その友だちが『仏法のことはいろいろ説明したら一生かかるから』と言って、『このジュースだっていくら味の説明をされても味はわからないでしょ、まず飲んでみないと』って」。

御本尊に向かうようになった節子に、親友は『人間革命』を読んでみたらと勧《すす》めた。池田のライフワークとなった大河小説である。節子は「『人間革命』を読んでいると『私もこうなりたい』『このように生きたい』と祈り方が変わっていきました」と語る。

池田の師、戸田城聖《じょうせい》（創価学会第二代会長）の生涯を綴った『人間革命』は、戸田や池田とともに敗戦後の日本で生き抜く人々を描く群像劇《ぐんぞうげき》でもある。全編にわたって、さまざまな境《きょう》遇《ぐう》の人々の苦しみに耳を傾《かたむ》ける戸田の姿が描かれている。

〈……この広い世の中では、ほとんどの人が世間体《せけんてい》を気にして、自ら虚飾《きょしょく》のなかに生きている。たとえ高邁《こうまい》な理想に生き、社会の変革を説く人であっても、意外と身近なところに不幸をかかえて、人知れず悩んでいるのではないか。人びとは、それを訴える術《すべ》も知らず、苦悩を解決してくれる人もいない。だいいち、家庭の不幸を知られることが、人生の敗北を意味してしまう

世の中である〉（第三巻「新生」の章、聖教ワイド文庫）

東京のある座談会で、夫の暴力に悩む女性が赤裸々《せきらら》に打ち明け、戸田城聖が「宿業《しゅくごう》」についてかんで含めるように語る場面がある。

〈……彼女は、返事の代わりに、しくしくと泣きだした。悲しかったのでもない。絶望《ぜつぼう》したのでもない。赤の他人の哀《あわ》れな女を、こうまでも真剣になって考え、指導してくれる真心に打たれたのである。

〃これまで、いったい誰が、このように言ってくれたであろうか。本当に初めてのことだ〃〉

（同）

——〃本当に初めてのこと〃が、日本の各地で起こり始めていた。節子もまた、鹿児島の地で座談会に足を運ぶようになり、絶望から立ち上がる人々を目《ま》の当たりにした。

「私は信心をするまでは『人は必ず死ぬのだから、今日でもいい』と思っていました。しかし、気がついたら『だからこそ、自分ができることをやりきろう』と思うようになっていました」

（節子シュピューラー）

〃励ますべき人を決して見逃さない人〃

池田は、戸田城聖が語り残した「死と向き合う体験」を、ある御書《ごしょ》（日蓮の遺文集《いぶんしゅう》）講義で紹介している。

〈（三歳の娘を亡くしたことを振り返り）そのときぐらい世の中に悲しいことはなかったのです。目黒に事務所があったのですが、そこで、もし自分の妻が死んだら……と私は泣きました。その妻も死にました。もし母親が死んだらと思いました。それは私としても、母親が恋《こい》しいです。

今度はもう一歩つっこんで、ぼく自身が死んだらどうしようと考えたら、私はからだがふるえてしまいました。

それが牢《ろう》にはいって、少しばかりの経典を読ませてもらって「ああ、よくわかりました」と解決したのですが、死の問題は二十何年間かかりました。子どもをなくして泣きすごすと、妻の死も自分自身の死もこわかった。これがようやく解決できたればこそ、戸田は創価学会の会長になったのであります〉（一九九六年七月二十四日付「聖教新聞」）

節子が向き合った病は、時間をかけて「タマネギの薄《うす》い皮をはぐように」少しずつ、快方《かいほう》に向かう。縁《えん》あって移り住んだスイスで、初めて池田と会った。「一九八三年のチューリヒです。長女のジャネットが一歳で、次女のイザベルはまだお腹《なか》の中にいました」。

一九六〇年代に高橋サキ子と数人から始まった創価学会の「スイス地区」は、それから二十年を経《へ》て、ドイツ語圏のチューリヒ、フランス語圏のジュネーブ、イタリア語圏のルガノと、三つの支部を擁《よう》する「スイス本部」に発展していた。

八三年（昭和五十八年）の池田の訪問にはサキ子や節子らがスタッフとして携《たずさ》わった。この年の池田の四日間の滞在は、スイスSGIを支えるリーダーたちの原点になっている。

スイスSGI婦人部長のアンヌ＝マリー・チャボルドも、その一人だ。

「私にとって池田先生は〝励ますべき人を決して見逃さない人〟です。八三年は先生にとって十六年ぶりのスイス訪問で、ルーマニアからチューリヒに来られました。若いメンバーが増えていたことに驚いておられました」

アンヌ＝マリーは、英、独、仏、伊、アラビア語の五つの言葉を駆使《くし》する。手記に〈祖国の喪失《そうしつ》、戦火《せんか》、父との別れ、亡命《ぼうめい》、病気、経済苦……そうした最も厳しい時期に、私は障害《しょうがい》に立ち向かう力《ちから》と、人生の意義を見いだす仏法の素晴《すば》らしさを学んだのです〉と綴っている。

創価学会にめぐりあい、題目を唱え始めたのは七五年（同五十年）の秋。場所は、悲惨《ひさん》な内《ない》戦《せん》が始まったばかりの祖国――レバノンだった。

悩みが仏界《ぶつかい》を強める

レバノンの内戦は十五年にも及び、十五万人が命を奪《うば》われたといわれる（一九七五年から一九九〇年）。首都のベイルートは東（キリスト教徒の地域）と西（イスラム教徒の地域）に分断された。

16年ぶりのスイス訪問でチューリヒ近郊の空港に到着した池田。アンヌ＝マリー・チャボルドから歓迎の花束を受け取る（1983年6月）©Seikyo Shimbun

〈ムスリム・キリスト教徒を問わず、おそらく人口の4割が、間断《かんだん》ない戦闘による閉鎖《へいさ》の合間を縫《ぬ》ってベイルートの空港から、あるいは陸路《りくろ》でシリアやヨルダン、海路《かいろ》でキプロスに向かい、そこの空港から、あるいはレバノン沿岸港《えんがんこう》からの密航船《みっこうせん》で、続々と戦火を逃《のが》れた〉（黒木英充編著『シリア・レバノンを知るための64章』明石書店）

アンヌ＝マリーはベイルートで生まれ、ギリシャ正教の家族のもとで育った。スイス出身の母、ヒルデガルトは乳幼児教育に携わり、父のアントワーヌはレバノン軍の軍人だった。「父は技術部隊の大佐で、一九四八年に起こった第一次中東戦争以来、任務に就いていました」。

内戦は、アンヌ＝マリーがレバノン大学で社会学を学んでいる時に始まった。「私はこの目で内戦を見ました。国や家族……〝今まで信じていたもの〟が壊《こわ》れてしまいました」。

レバノン内戦が始まった年、兄のジャン＝ピエールが、ベルギーで知り合ったリカルドというベネズエラ出身の友人から創価学会の存在を聞いた。

「弟や母も信心を始めました。戦火が激しくなり、父だけがレバノンに残り、私たちは母の故郷であるチューリヒへ亡命しました。家族の誰もが、あのような苦しみに直面する準備はまったくできていませんでした」（アンヌ＝マリー・チャボルド）

＊

チューリヒの生活はつらかった。慣《な》れないドイツ語を学びながら百貨《ひゃっか》店《てん》で働いた。初めて創価学会の座談会に足を運んだ。

「池田先生の本で感銘《かんめい》を受けたのは小説『人間革命』です。山本伸一と戸田先生の出会い、そこから始まる『師弟』の関係に深い感銘を受けました」

またある日、池田の対談集『生命を語る』の英語版も手にした。「西洋人の私にとって、池田先生が示された『仏の生命』という考えはまったく新しいものでした」と振り返る。

池田は『生命を語る』で、「仏」についてこう語っている。

――仏の英知とは、あらゆる生命に食い入り、暗躍《あんやく》する生命の魔性《ましょう》を見ぬく知恵《ちえ》です。そして、慈悲《じひ》のエネルギーとは生命の魔性を打ち破る力《ちから》であるといえましょう。したがって、仏の知恵と慈悲を発現させる場は、九界《きゅうかい》（現実のさまざまな世界）の巷《ちまた》です。

九界の荒波のなかで、知恵を使い、慈悲の力をあらわしてこそ、私たち自身の仏界もますます磨《みが》きがかけられるというものです――

――たとえば、あえて地獄《じごく》の苦しみを引き受ける生命を、仏界《ぶっかい》と呼ぶのではないだろうか。地獄の縁《えん》を受けて立つという姿勢より、もう一歩進んで、あえて苦悩の世界を引き受け、修《しゅ》羅闘諍《らとうじょう》のまっただなかに飛び込んでいく――（『池田大作全集』第九巻）

「死んでから仏になる」という「常識」は、仏法の本来の考えではない。池田はこの仏の定義に繰り返し言及してきた。

「仏とは人間です。戦い続ける人間です。どこか別世界にいるような、特別の存在とかではない」（普及版『法華経の智慧《ちえ》（中）』四二三ページ、聖教新聞社）

「九界の現実の苦悩《くのう》と無関係《むかんけい》な仏など、真の仏ではない。……仏界とは『あえて地獄の苦しみを引き受けていく』生命と言ってもよい。……弘教《ぐきょう》のため、同志のために、あえて悩んでいく――その悩みが仏界を強めるのです」（同四五三ページ）

「……苦労した人のほうが人間として味がある。人間味に深さがある。なかには苦労に負けて、自分を崩《くず》してしまう人もいるでしょう。食物《しょくもつ》も、消化し吸収する力が弱っているときに摂《と》りすぎたら体をこわしてしまう。だから、強い生命力が大切なのです。生命が強ければ、苦労を全部、栄養に変えられるのです。

反対に、いくら信心をし、勤行《ごんぎょう》・唱題《しょうだい》していたとしても、広宣流布《こうせんるふ》の苦労を避《さ》けていては、仏界が強まるわけがない。仏界が固まるわけがない」（同四五四㌻）

池田が示した指針は今、座談会などを通して、国境を超え、言語を超えて共有されている。

ローザンヌで地区部長を務め、今はスイスＳＧＩ総合壮年部長のピエトロ・ボナノミも、知り合いから借りた『生命を語る』を読んだことが入会のきっかけだった。「一九七六年のことです。『自分にとって最も大切なものはこれだ』と感じました」。

アンヌ＝マリーたちはレバノンで信心を始めたが、こうした池田の思想には亡命先のチューリヒで初めて触れた。「現実の中で生きてこそ仏」という考えが、故郷を逃れざるを得なかった家族の心を支えた。

「生死《しょうじ》一大事《いちだいじ》血脈抄《けつみゃくしょう》、観心本尊抄《かんじんのほんぞんしょう》、そして一生成仏抄《いっしょうじょうぶつしょう》……」。アンヌ＝マリーはこれまで感銘を受けた池田の御書講義を次々と挙《あ》げた。そして、

〈石はやけば　はい（灰）となる
金《こがね》は・やけば真金《しんきん》となる〉

という一節を諳《そら》んじた（兄弟抄、御書一〇八三㌻）。

「自分自身が『真実の金』、つまり仏として輝いていけるという考えそのものに、心が震《ふる》えたのです」

「学会活動に力を注《そそ》ぐことで、私にとっての『理想』に栄養を与えることができれば、苦しみに耐《た》えることができると思いました。『理想』とは、豊かになることでも、成功することでもありません。『この世界の平和と調和に貢献《こうけん》する』ことです。『戦争とは何か』をわが身で知った私にとっては、この理想に生きることこそ、課《か》せられた最優先事項《さいゆうせんじこう》なのです。
ですから、先生が国連難民高等弁務官《べんむかん》事務所の人道賞をジュネーブで授与された時（一九八九年）、『この賞を受けるべきなのは、すべての創価学会員です』と言われた一言は忘れることができません」

一九八〇年（昭和五十五年）に初めて来日し、神奈川で池田と会った。「私と先生との初めての出会いは、創価学会のとても重要な歴史のまっただ中でした。先生はその前年に会長を辞任され、私たちの前でスピーチすることが許されていなかったのです。スピーチの代わりにピアノを弾《ひ》かれた姿が今も心に残っています」。

アンヌ＝マリーの父アントワーヌは七八年（同五十三年）に軍を辞《じ》した。「父は戦争についてほとんど話しませんでした。父は愛する祖国の内戦で深く苦しみ、参加し続けることに耐《た》えられず、自ら軍を去りました。五十六歳でした。『内戦は受け入れられる選択肢《せんたくし》ではない』という結論に至ったのだと思います。父はチューリヒで一緒に暮らすようになって、それまで築こうとしてきたすべて――国、軍の仕事、友人、未来――が崩れ、絶望していました。私たちもとても苦しみました。父は何年も、慎重《しんちょう》に私たちの生活を見つめていました。そして八六年

（同六十一年）、創価学会に入ったのです。毎年、フランス・トレッツでの研修にも参加しました」。

「軍での地位が高く、誇り高く、人の意見をあまり聞かない父でしたが、家族で池田先生の話をする時は、必ず素直《すなお》に耳を傾けていました」

「信仰は生活に表れないと意味がない」

「稲垣さん、何か望むことはありませんか？」。懇談会の場で池田からそう問われて、稲垣文夫は「仏法に関する本が必要です」と答えた。一九八三年（昭和五十八年）六月、池田にとって五回目のスイス訪問の一コマである。

「スイスではドイツ語を話す人が一番多いですが、フランス、イタリアだけでなく、アメリカ、イギリス、ユーゴ、チェコなど、じつにさまざまな国籍《こくせき》の人がいます。当時は仏法を学ぶための本がまだ少なかったのです。八三年の訪問では『リーダーになっていく人を育てなさい』と言われたこともはっきり覚えています」

文夫がパリからチューリヒに移り住んだのは六七年（同四十二年）。まだ創価学会員は一人もいなかった。

UNHCR（国連難民高等弁務官事務所）から「人道賞」を受賞する池田。高等弁務官のオッケは「池田会長の長きにわたる人間の尊厳の擁護、難民救援への献身を高く評価いたします」と述べた（1989年6月、ジュネーブ）©Seikyo Shimbun

三三年（同八年）、文夫は台湾の台中《たいちゅう》で生まれ、ピアニスト、バレエダンサーとしてパリやチューリヒで活躍してきた。

「小さいころからピアノが大好きで、高校生の時は当時住んでいた佐賀のキリスト教の教会でオルガンを弾いていました」

広島大学の学生時代、初めてバレエの公演を見て衝撃《しょうげき》を受けた。「教授から『バレエをやるなら東京で学べ』と言われ、できたばかりのチャイコフスキー記念東京バレエ学校に入りました」。

創価学会を知ったのは、渋谷の道玄坂《どうげんざか》にあった洋品店《ようひんてん》だった。「顔なじみの店員さんから『最近パッとしない顔だなあ』と言われて、誘われたのが学会の座談会でした」。

年配の参加者から「人生の希望は何か」と聞かれた。文夫は「ぼくの望みは実現しないものです」と前置きして、海外でバレエの舞台に立ちたい、と夢を語った。「そのおじいさんがじっと耳を傾けてくださってね。『ロンドンでもパリでもどこでも行けるようになるよ。三カ月やってみたら』と言われて、今年（二〇一七年）で五十三年目です」と笑う。

「信心を始めてからピアノの仕事が増えて、東宝の映画音楽の演奏やヒルトンホテルの生演奏《なまえんそう》がどんどん舞い込むようになったんです」

友人の一人がパリに行くことになった。「彼はマルセル・マルソーというパントマイム（無言劇）の大家《たいか》が日本に来た時、そのオーディションに受かったのですが、渡航《とこう》するお金がなくて悩んでいたから、私がピアノで稼《かせ》いだお金を貸してあげました。パリに行った彼から毎月手紙が届いて、ある日『私もパリで創価学会に入りました』と書いてあったのでビックリしましたよ」。

文夫もパリに渡り、ピアノの仕事をしながら、知り合ったオペラのオーケストラ指揮者《しきしゃ》や踊《おど》り手《て》、歌手などに弘教《ぐきょう》を重ねた。

一年半後、パリでたまたま知り合ったチューリヒ歌劇場《かげきじょう》の支配人から「ぜひ来てほしい」と請《こ》われた。パリからチューリヒに移り、バレエダンサーとして十年間、舞台に立つことになる。気がつけば「実現しない」と思っていた夢が叶《かな》っていた。

スイスSGIのチューリヒ支部長を長年務め、八十歳を超えた今も同劇場付属のバレエスクールで教えている。チューリヒ歌劇場は三年前、「最優秀オペラハウス」に輝いた。「八三年の池田先生との懇談の後すぐに、日本からたくさんの仏法の書籍《しょせき》が送られてきました」と笑顔で振り返る。

〝人生は夕食後の数時間をどう過ごしたかで決まる〟

これまでスイスＳＧＩ婦人部長などを歴任してきたルチア高橋は、イタリア語圏の先駆者である。

「一九七二年からの三年ほど、東京の杉並で暮らしていましたが、池田先生の提案で、私たち外国人が御書を原典《げんてん》（日本語）で読めるようになるため、漢字を学ぶ場がつくられたことがありました。とてもありがたかった」と語る。

「会合で見た先生は、学会員との距離がとても近い。先生の『あるがままの一人の人間としての振る舞い』は、私の人生に深いインパクトを与えました」

日本人の夫との国際結婚を機に、創価学会に入った。「それまでは自分の幸せだけを考えてもがく人生でしたが、他人の幸せを考えられるようになったことがよかった。だって、一人だけで幸せになっても楽しくないでしょう？」。

故郷のルガノに戻ると、ＳＧＩメンバーは誰もいなかった。翌年、数人の友人や妹が学会に入り、月に一回の座談会を始めた。

「国際結婚と〝東洋の宗教〟を始めたことで、はじめは両親との関係が冷《さ》めきっていましたが、父の看病《かんびょう》を通して、両親も仏法のことを理解し、題目《だいもく》を唱《とな》えるようになりました」

「二〇〇五年に日本に行った時、先生から言われた『あなたの目の前の人に尽くせ』という一言が今の私のモットーです」


一九八三年のスイス訪問では「〝ゴールデンアワー（黄金の時間）〟の話が一番心に残っています」と語る。「鉄鋼《てっこう》王」「慈善《じぜん》王」として知られるカーネギーの言葉である。

――人生は、朝起きて仕事に出かける。夕刻には仕事を終えて帰宅し、夕食をとり、やがて床《とこ》に就《つ》く。これが一日のリズムである。そのリズムのなかで、最も価値ある、深き人生をつくるもの、それは夕食後から床に入るまでの二、三時間を、どのように過ごしたかで決まる――

（一九八三年六月十四日付「聖教新聞」）


カーネギーのこの言葉を通し、池田はスイスのメンバーに「私たちの立場でいえば、まさに学会活動の時間がこれに当たる」と語った。

「先生がどれほどスイス人の気質《きしつ》をよく理解されているかを感じる指導でした」とスイスＳＧＩ理事長のマッシモ・マラッツィが述懐《じゅっかい》する。「スイス人は働き者で現実的な人が多いですから。この信仰も、現実の生活の中に表《あらわ》れてこなければ意味がありません。『最も価値ある時間を、私たちは平和の実現のために使っている』という先生の訴えは、今も私たちの指針になっ

チューリヒで開かれた第１回スイス総会。池田は「仏法の実践によっていかにすばらしき人生を生きていけるものなのかを実証する、妥協（だきょう）なき信仰実践であっていただきたい」とスピーチした（1983年6月）©Seikyo Shimbun

ています」。

石の中の火
木の中の花

マッシモは「〝石の中の火〟の話も、とてもわかりやすかった」と語る。「先生は御書を通して、火打《ひう》ち石を弱くぶつけても火は起きない、強くぶつけなければいけない、信心も同じだと話されました」。

冷たい火打ち石から火が出る。黒々《くろぐろ》とした木の中から鮮《あざ》やかな花が咲く……日蓮はこれらの現実を、「仏の生命が私たちの心の中にある」という不思議《ふしぎ》を教える譬《たと》えとして何度も用《もち》いている（観心本尊抄《かんじんのほんぞんしょう》、十字《むしもち》御書など）。マッシモも池田の手引きを通して御書に触れ、目を開いた一人である。

池田と出会う半年ほど前まで、マッシモはジュネーブ大学で建築学を学びながら、熱心に聖《せい》書《しょ》を読んでいた。「十代の時、母が精神的に不安定になり、自分の部屋に引きこもってしまいました。それが人生について深く考えるようになったきっかけです。学生時代の私は自信がなくて傲慢《ごうまん》でした。両親に対しても、大学の教授に対しても」。

イタリアで働いている友人から仏法の話を聞いた。「一九八二年の年末です。友人に連れられてフィレンツェの座談会に参加したのですが、若い人たちの多さに圧倒されました。そして座談会が終わった時に『ああ、探してきたものはこれだ』と。信じられないほどの驚きだった。ブッダ（善の境涯《きょうがい》）もデーモン（悪の境涯）も人の生命の中にある、だから幸不幸を決めるのは他人ではなくて自分——それまで聞いたことのない生命論でした。私は机上《きじょう》の思想ではなく『行動を通して人生を変えていける何か』を探していました」。

マッシモは座談会場を出た後、その日のうちに二人の友人をつかまえて「俺は宝物を見つけた」と話し込んだ。

「入会して間もないころに読んだ御書が『一生成仏抄』です。この中にある〈衆生《しゅじょう》本有《ほんぬ》の妙《みょう》理《り》〉という言葉が、私の探してきた答えでした。私自身の中に輝《かがや》くものがある、という考えに、その後、何度も勇気づけられました」

〈衆生本有の妙理〉とは、

〈すべての生命（衆生）に

本来そなわっている（本有）
不思議な法（妙理）〉
という意味である。
この法を「妙法蓮華経《みょうほうれんげきょう》」と呼ぶ。

＊

「故郷のルガノでは、数年前にルチア高橋さんが婦人部を中心に座談会を始めたばかりで、青年部の組織はまだありませんでした」（マッシモ・マラッツィ）。初めて知ることばかりで、あっという間に半年が過ぎたころ、池田がスイスを訪れた。マッシモはチューリヒ空港まで池田を出迎《でむか》えに行く。

「空港で先生が『到着しました』と言われ、握手《あくしゅ》した瞬間は、人生に風が吹《ふ》いたと思いました。説明するのが難しいのですが、『人生の中の不要なものが吹き払《はら》われた』ような感じでした」

マッシモは一九八七年（昭和六十二年）に建築士として独立し、幼稚園《ようちえん》や中学校などの公共施設を手がけてきた。「最近はスイスで二番目に大きな鉄道倉庫《てつどうそうこ》のプロジェクトを担当しました。太陽光発電《たいようこうはつでん》を取り入れたんですよ」と笑顔で語る。スイス・イタリア語圏の専門大学から声がかかり、教壇《きょうだん》にも立つようになった。

妻のルイゼッラと相談を重ね、ブラジルからマテオを、タイの孤児院《こじいん》からアガタを養子に迎えた。マテオは二十歳を過ぎ、ピアニストの道を歩んでいる。

二〇〇一年（平成十三年）に理事長に就任してから、スイスSGIは三倍超に発展してきた。

「ここ数年で思うことは」とマッシモは語る。「池田先生は世界宗教としての運動の基盤《きばん》を整えておられると感じています。その展望は、これまで私たちがまったく想像していなかったことでした」。

風雪に耐えてこそ
苦悩に勝ってこそ

池田の六度目のスイス訪問は一九八九年（平成元年）六月だった。パリからジュネーブに入った。

池田の妻の香峯子《かねこ》は行事の最中、芳子ファヴェを見かけて「ここにいらしたんですか」と再会を喜んだ。池田も「お母さんは元気？」と声をかけ、「くれぐれもよろしく。長生きされるように」と伝言を託《たく》した。その夜、芳子は北海道で闘病中《とうびょうちゅう》だった母の雅江に国際電話をかけた。

芳子はこれまでスイスSGIで、日本語を話す人々の集まり「エーデルワイス・グループ」の責任者などを務めてきた。女子部時代は北海道の初代鼓笛隊《こてきたい》長《ちょう》として活躍した。「わが家は札幌で農機具《のうきぐ》の販売修理を営《いとな》んでいました。広い工場があって、『夕張大会』の時は東京から来た音楽隊の方が六十人ほど泊まられました」。

当時〝泣く子も黙る〟と恐れられた日本炭鉱《たんこう》労働組合（炭労）が、創価学会を弾圧した「夕張事件」（単行本『民衆こそ王者』第五巻に詳述）。芳子は祖母のコユキ、父の義彦、母の雅江らとともに、夕張の炭鉱で暮らす学会員を守るために奔走した。

「夕張大会」とは、炭労に対する学会の勝利を決定づけた抗議集会である。指揮を執《と》ったのは池田だった。その直後、池田は大阪の地で冤罪《えんざい》に見舞われる。さらに、一年足らずで師の戸田を亡くし、長い裁判を戦いながら、創価学会第三代会長の重責《じゅうせき》を担《にな》うことになる。

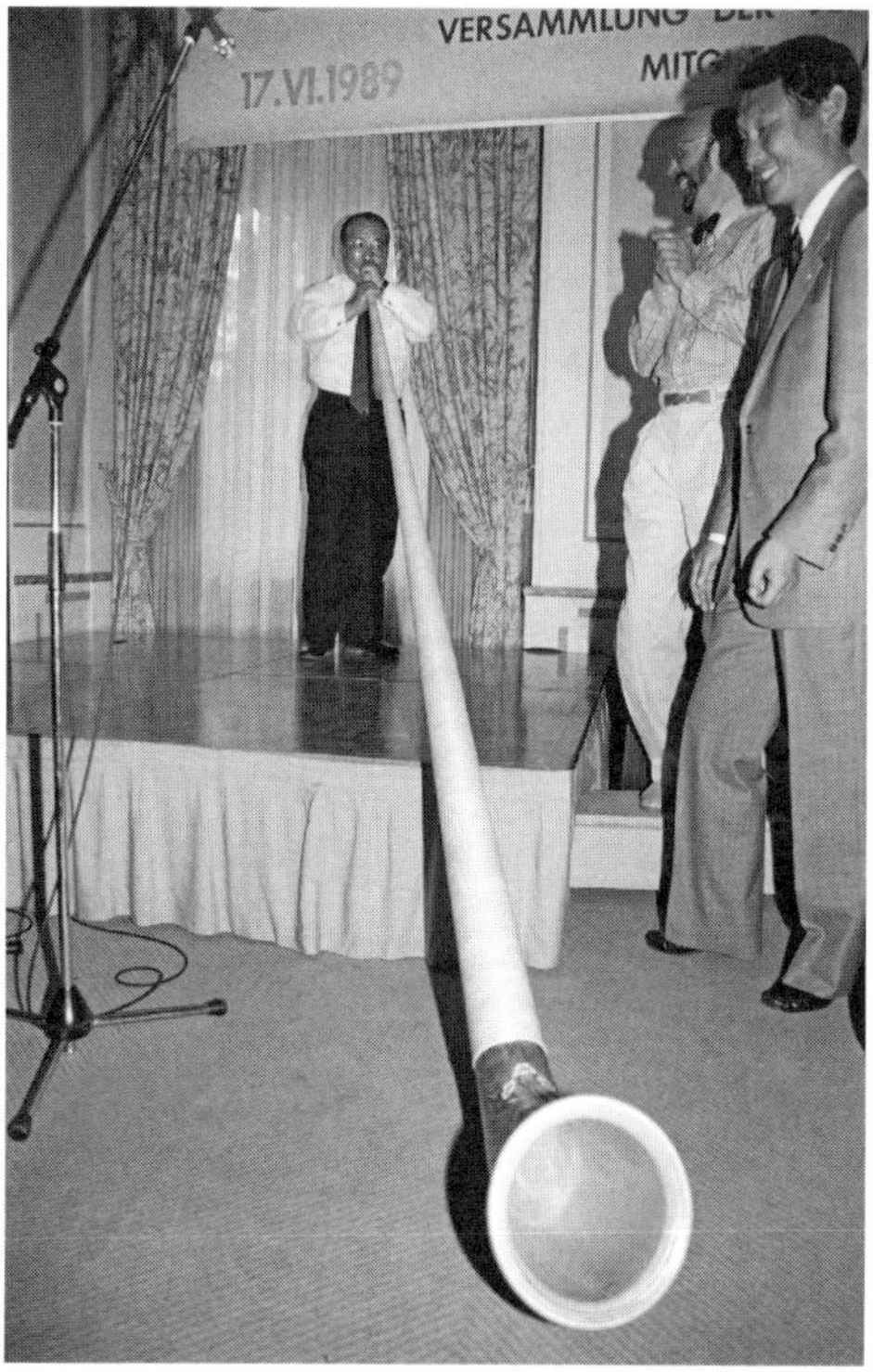

ジュネーブ市内で行われた第２回スイス総会でアルペンホルンを手に取る池田（1989年6月）©Seikyo Shimbun

「夕張事件が表面化し始めていた時、先生が言われた『ぼくは〝功徳《くどく》のるつぼ〟の中にいるんだよ』という一言が忘れられません。スイスに移り住んでからも、札幌時代に先生からいただいた手

紙が私を支え続けてくれました」（芳子ファヴェ）

札幌からジュネーブへ、海を渡ったハガキの一通には、

〈風雪《ふうせつ》に耐《た》へて 人生の眞価《しんか》は解《わか》る。
又、苦難に、苦悩に勝ち抜きて
信心の力がきまる。所詮《しょせん》 八萬法蔵《はちまんほうぞう》なりとも吾《わ》が身の日記文書《にっきもんじょ》なりと。……〉

と綴られている。

「八万法蔵」とは、仏によって説かれた数えきれないほどの教えを意味する。日蓮は、それらの教えがすべて、一人の人間の〝生命の日記〟に記されていると説いた（総勘文抄《そうかんもんしょう》、御書五六三ページ）。池田はこの日蓮の一文を引いて、〈御本尊と、自身との信心のみが 最后《さいご》の勝敗を決する。希望を 夢を忘れずに〉と芳子を励ました。

＊

一九八九年（平成元年）に池田がスイスを訪れた時、マッシモ・マラッツィはスイスＳＧＩ男子部長だった。印象に残った出来事を二つ挙げている。

その一つは、滞在《たいざい》初日の夕刻のことだった。行事の合間を縫《ぬ》って、池田はレマン湖畔《こはん》の埠頭《ふとう》まで足をのばした。

〈……湖の岸から数メートルのところに、一羽のアヒルが、羽根《はね》をバタバタさせているのが目に留《と》まりました。それには訳《わけ》がありました。アヒルのすぐそばで、大量の水と洗剤《せんざい》を使って、

レマン湖畔から広がる景観を望む池田と妻の香峯子（1989年6月、ジュネーブ）
©Seikyo Shimbun

自分のボートを掃除《そうじ》している男性がいたのです。その水しぶきが、近くにあったアヒルの巣《す》にまで及んでいました。巣のほうに目をやると、母アヒルと、子アヒルたちが身をひそめていたのです。

　その様子をご覧になった先生は、言われました。

「ボートの側《そば》で羽根をばたつかせているあのアヒルは一家の主《あるじ》だよ。自分の身を犠牲《ぎせい》にしてでも、掃除をしているあの男性の注意を引き、必死になって巣と家族を守ろうとしているのだよ」と。

　そして、静かにこう言われたのです。「これが一家の主の使命なのだ」と〉（二〇〇八年九月号「大白蓮華」）

　マッシモは「それは、何よりも大切な『生命を守る』という話でした」と述懐する。

池田はさらに続けた。

――あの男性は、船を洗っているだけだけれど、それが、そこに住むアヒルたちを脅《おびや》かしていることを知らない。人間は、自らを支える自然環境を大事にしなさすぎます。平然と環境破壊を行っている。だからこそ、人間の生命を根本から変革する、「人間革命の戦い」がどうしても必要なのです。戦いです。美しいこの地球も、人間革命の戦いなくして守れないのです――

マッシモは「私たちは、鮮やかな色彩《しきさい》を放《はな》ちながら沈んでいく夕陽に包《つつ》まれていました。先生の言葉はあの光景とともに、深い感動をもって私の命に刻《きざ》まれています」と振り返る。

もう一つの出来事は、全土からＳＧＩメンバーが集まった「スイス総会」だった。それぞれの地域の、さまざまなジャンルの歌が歌われ、会場に用意されていた特大のアルペンホルンを池田自ら吹くジェスチャーをし、また手品を披露《ひろう》し、会場は沸《わ》いた。マッシモ・マラッツィは聖教新聞のインタビューで次のように語っている。

〈……しかし、当時、青年部だったマラッツィ理事長は、その後のことが忘れられないという。

総会を終えて、宿舎《しゅくしゃ》に戻ってきたＳＧＩ会長。役員だったマラッツィさんは車のドアを開けた。だが、ＳＧＩ会長は座席に深々《ふかぶか》と腰かけたまま、なかなか降りてこない。

「いつもエネルギッシュな先生が、とてもお疲れのように見えました」〉（二〇一一年十一月八日付「聖教新聞」）

出迎えたスタッフたちに感謝を伝え、宿舎に戻る池田の姿を、マッシモは目に焼きつけた。

〈イギリス、スウェーデン、フランスに続く訪問……過密《かみつ》な日程の中での総会への出席だった。

「先生はそんな状況の中でもユーモアを交《まじ》えて、参加者を楽しませてくださった。同志に尽くしてくださった。皆の前では、疲れた様子など、微塵《みじん》も見せませんでした。

あの時、私は先生から、広布《こうふ》の指導者のあり方を学ばせていただいたのです」〉（同）

それはマッシモにとって忘れがたい瞬間だった。「人を励ますということは、はたから見ていると簡単なようだが簡単ではないということを目の当《ま》たりにしました。人を励ます時に余《よ》力《りょく》を残してはいけない、火が燃えた後には灰だけが残るように、生命力を燃やし尽くさなければならない。そして人生を生きるのも同じであると学びました。ＳＧＩメンバーと会う時、私はあの日の池田先生をお手本にするよう心がけています」。

仏法のリーダーはどのように振る舞うべきなのか。池田の初訪問から半世紀を経《へ》て、一〇〇人を超えるメンバーを擁《よう》するようになったスイスＳＧＩにも、池田が自ら示し続けてきた基本は受け継がれている。

スイス女子部長のイザベル・シュピューラーは「悩んでいる時、母から〝今こそ池田先生に会う時よ〟と言われ、先生の本を読んでいます」と語る。「学会員が一番大変な時、苦しんでいる時、そこに先生がおられる。先生の存在を感じられる。その意味で私たちはどこにいても、いつでも、先生に会えるのです」。

第2章 祈りとはあきらめない勇気——イギリス①

霧に包まれたヒースロー空港の待合室。イギリスの友に池田が語ったのは、「心の師とはなるとも心を師とせざれ」という一節だった。第三代会長就任の翌一九六一年（昭和三十六年）、イギリス初訪問の折である。

仏道修行《ぶつどうしゅぎょう》は「法」が中心であり、「自分」が中心ではない。リーダー自身が人間革命せよ——池田の指導は一貫《いっかん》している。

イギリスＳＧＩ黎明期《れいめいき》のリーダーたちは、ロンドンで、グラスゴーで、オックスフォードで、幸福の種を植えていく。

ロンドンは「霧《きり》の都」と呼ばれる。濃《こ》い霧は「目の前の人」の姿さえ隠《かく》し、自分の足元すら見えなくなる。作家の夏目漱石《そうせき》は、ロンドン留学中に経験した霧について〝泥炭《でいたん》を溶《と》いて身の回りに流したように、黒い重たい霧が目と口と鼻に迫《せま》った〟〝まるで葛湯《くずゆ》の中で呼吸しているように息が詰《つ》まる〟と書いている（『永日小品《えいじつしょうひん》』）。

「私がロンドンに来た当時もまだ、各家庭の暖炉《だんろ》で煙《けむり》のよく出る安い石炭を使っていたので、煙突《えんとつ》から出る煙の量は大変なものでした」。欧州ＳＧＩ（創価学会インタナショナル）書記長の藤井和雄が振り返る。

さらに工場が吐《は》き出す煙と霧が混《ま》じり、深刻《しんこく》な公害《こうがい》を繰《く》り返した。スモーク（煙）とフォッグ（霧）を合わせた「スモッグ」という造語《ぞうご》も生まれた。一九五二年（昭和二十七年）の冬、ロンドンはスモッグに覆《おお》われ、人が川に落ち、車が道路を外《はず》れ、呼吸困難や持病の悪化で数千人が命を落とした。

スコットランドに到着した翌日、グラスゴー市内のボタニック・ガーデン（植物園）でＳＧＩメンバーとの記念撮影に臨む池田。「勝利の空です。皆さんのようです。〝スコットランドを見よ〟です！」「人間の王者として生きましょう！」「皆さんに、栄光あれ！　勝利あれ！　幸福あれ！」と呼びかけた（1994年6月）
©Seikyo Shimbun

霧がひどいと飛行機も飛べない。ある日の午後、ロンドンからマドリードに向かう飛行機が足止めされた（一九六一年十月十五日）。六時間ほどフライトが遅れるという。ヒースロー空港の待合室は混み合った。その雑踏《ざっとう》の中で、池田大作は大きなガラス窓を背にたたずみ、コート姿のまま御書《ごしょ》（日蓮《にちれん》の遺文《いぶん》集《しゅう》）を開き、日蓮の法門に目を通していた。

初のヨーロッパ訪問である。すでにデンマーク、西ドイツ（当時）、オランダ、フランスを回った。これからスペインのマドリード、スイスのチューリヒ、オーストリアのウィーン、そしてイタリアのローマへ赴《おもむ》く。創価学会の第三代会長に就任して、一年半が経《た》とうとしていた。

信心を続けるためには「言葉」が大事

「初めて池田先生が来られた時、イギリス全土で、私の知っている範囲で四人の学会員がいました」。八十五歳の志津恵グラハムが振り返る。

パリの山崎鋭一（初代欧州ＳＧＩ議長）から連絡があり、池田がロンドンに来ることを知った。志津恵は夫のケンとともにイギリスで暮らし始めたばかりだった。まだ会ったことのない学会員がイギリスにいることだけは、東京の学会本部から聞いていた。「先生の来訪《らいほう》を知らせて回ろう」。そう思い立った。

「夫のケンは国連軍に所属する軍人で、学会員ではなかったのですが、私の願いを聞いて一緒に動いてくれました。当時住んでいたオックスフォードシャーから、まずはロンドンに出て、ヒースローから朝一番の飛行機で北アイルランドへ飛んで、次はスコットランドのグラスゴーへ飛んで、夜汽車《よぎしゃ》でロンドンに戻りました」

志津恵は一九三二年（昭和七年）、愛媛で生まれた。数年後、父の仕事の関係で広島の呉《くれ》に引っ越した。

志津恵が二十六歳の時、まず母の三島節子が創価学会に入り、自宅は座談会でにぎわった。
「私が小さいころから弟が十二指腸《しちょう》潰瘍《かいよう》で入院しており、母は病院でつきっきりの看病《かんびょう》だったので、家事は長女の私がやりました。蛇口《じゃぐち》をひねれば熱いお湯が出てくる時代ではないから、薪《たきぎ》を割るところからでしたね」。

呉は軍港の町だった。五〇年（同二十五年）から朝鮮戦争が始まり、志津恵は国連軍の一員として日本に駐留《ちゅうりゅう》していたケン・グラハムと知り合う。学会活動に励《はげ》みながら将来を考え、結婚を決めた。

日本を発《た》つ前、東京の学会本部にあいさつに寄《よ》った。六一年（同三十六年）の一月だった。
「夫はまず香港《ホンコン》に数カ月滞在《たいざい》し、その後、祖国のイギリスに戻ることが決まっていました。本部の方にそのことを話すと、ちょうど同じタイミングで池田先生が香港を訪れることがわかったのです」。

香港に渡ってひと月も経たず、池田を迎《むか》えることになった。「イギリスで会いましょう」と池田から言われ、手渡された御書を、志津恵は今も大切にしている。表紙を開いたところに池田の直筆で〈妙法《みょうほう》の 光に照らされ 勇《いさ》ましく 今日も築《きず》けよ 幸《さち》の道をば〉と記されたその御書をトランクに入れて、志津恵はイギリスに渡り、再び池田を出迎えた。

*

「イギリスで暮らすようになってしばらくは英語もまだ不自由で、夫は軍務《ぐんむ》で忙《いそが》しく、点在している学会員さんともほとんど交流できていませんでした。夫はやさしく接してくれましたが、身近に同志がいないというのは寂《さび》しく、頼りない気持ちでした。でも、ロンドンで先生と会った時には、まるで親に会ったように安心できたのです」（志津恵グラハム）

グラハム夫妻にとって池田は「とても気遣《きづか》いをする人」だった。池田の一行がロンドンを視《し》察《さつ》する時にも誘われた。志津恵はロンドン市内の博物館で、池田が日本の「兜《かぶと》」の前でしばらく動かず、じっと見つめる様子が印象に残っている。食事の席では、軍で鍛《きた》えられ体格の大きなケンが池田から「足りますか？　もっと注文しましょうか」と声をかけられた。学会員であるなしに関係ない心配りに驚かされた。

ヒースロー空港の待合室――六時間のフライトの遅れは、見送りに来ていた志津恵にとっても、付き添ってきた夫のケンにとっても忘れがたいひとときを生んだ。

池田は志津恵に「信心を続けるためには『言葉』が大事ですよ」「友だちをたくさんつくりなさい」と念を押している。

「使命があるから、はるばる香港やイギリスに来たんだ。いつも御書を原点にしてください」

志津恵は池田から「まだ時間があるから、試験をしましょう」と言われ、頭が真っ白になった。「資格をとるためじゃないよ。信心の確認をするためだから」と笑いながら、池田は「四《し》条金吾《じょうきんご》について話してください」と言った。

四条金吾――日蓮門下の中で、学会員に最も親しまれている人物である。武士であり、医師でもあり、日蓮が斬首《ざんしゅ》の危機に陥《おちい》った「竜《たつ》の口《くち》の法難《ほうなん》」に命がけで同行した。

その後、金吾は主君の江間氏に疎《うと》んじられ、苦境《くきょう》に立つ。しかし江間氏が重病に倒れた時、金吾が介抱《かいほう》に尽くし、再び重んじられるようになった。周りからは嫉妬《しっと》され命まで狙《ねら》われたが、迫害を乗り越えていく。

〈心ざし人にすぐれて・をはする上わづかの身命をささ（支）うるも又御故《またおんゆえ》なり〉（四条金吾殿御返事、御書一一四九ページ）――志《こころざし》が人にすぐれておられるばかりか、日蓮が、わずかの身命をここまで支えることができたのも、あなたのおかげである――

金吾の人生の折々に、日蓮が送った手紙が数多く残されている。ある時は〝あなたが地獄《じごく》に入られたら、私も同じく地獄に行きましょう〟とまで綴《つづ》り、金吾を励ました（崇峻《すしゅん》天皇御書、同一一七三ページ）。

「ヒースロー空港の待合室で、四条金吾について何を話したかはほとんど覚えていません」と志津恵は笑う。その後、「仏法のことをイギリス人にわかってもらうように話すには」と考えながら御書を読むようになった。

仏法は「自分との闘《たたか》い」である

もう一つ、霧が晴れるまでの時間に池田から教わった話で今も覚えているのは、日蓮が手紙

で何度か引用している経典である。それは、

〈心の師とはなるとも　心を師とせざれ〉

という一言だった（「兄弟抄」や「義浄房《ぎじょうぼう》御書《ごしょ》」などで引用）。この前年、池田はアメリカのロサンゼルスでも同じ一節を引いた。二年後に訪れたイタリアのローマでも、タイのバンコクでも、この一節を引いている。

どの国でも、まだ創価学会のネットワークが生まれ始めたばかりだった。それぞれの国で池田が語り合った相手には、異国《いこく》の地で、孤独《こどく》の中で信仰を貫《つらぬ》こうともがいている人もいた。まだ言葉もままならない人もいた。頼れる人は自分以外に誰もいない、そういう環境の人もいた。志津恵グラハムもその一人だった。池田はヒースローの待合室でも、御書を手に「〝心の師とはなるとも、心を師とせざれ〟だよ」と口にした。

この経典について、池田はある会合で次のように語っている。

「何度も学んだ文であるし、だいたいわかっていると思う方も多いかもしれない。しかし、くわしく聞いてみるとあいまいな場合が多々《たた》ある。……大切なことは、このような、わかったつもりでいて、その実《じつ》あいまいなことを一つ一つ明確にし、また掘り下げていくことである」

（『池田大作全集』第七十巻）

ヨーロッパ初訪問の際、イギリス王室の居城・ウィンザー城を視察する池田ら（1961年10月）©Seikyo Shimbun

そして日蓮が引用した元の言葉を紹介していく。

〈常に心の師とは為《な》るとも心を師とせざれば、卒暴《そつぼう》有《あ》ること無《な》きは調伏《ちょうぶく》したる象《ぞう》の如《ごと》し〉（六波羅蜜経《ろくはらみつきょう》の巻第七。涅槃《ねはん》経などにも同じ趣旨の文言がある）

――どのような時にも、自らの心の師となって、悪《あく》心《しん》を師としないので、（心に振り回されて）にわかに軽はずみな行動（卒暴）をしたりすることがない。

あたかも凶暴《きょうぼう》な象を訓《くん》練《れん》し、おとなしく従えさせているように、自分の心をコントロールしている――

どんな時も自分で自分をコントロールできる。これは、菩薩《ぼさつ》にそなわる徳の一つである。

「仏道修行は『法』が中心である。『自分』が中心ではない。『法』が師である。わがままな自分の『心』を師としてはならない。この信心の肝要《かんよう》を見失わせる、もっとも恐ろしい障害《しょうがい》の一つが『慢心《まんしん》』である。

慢心の人は、心が定まらない。落ち着きもなく、つねに縁《えん》に紛動《ふんどう》されては、あちらこちらへと心が揺《ゆ》れ動いている。そして、すぐに、いばる心、疑いの心、見栄《みえ》の心、逃避《とうひ》の心等々が出てきて、ぐるぐると振りまわされる。まさに〝心を師〟とした状態である。振りまわされたあげく、最後は退転《たいてん》のコースに入ってしまうことがあまりにも多い。

……人間の『心』とは、ある意味で、〝狂暴な象〟のようなものである。その荒れ狂う動物的な自己中心の心を、どう律《りっ》し、どう正しき『法』にのっとってコントロールし、開花させていくか。……信心とは、この〝悪心との戦い〟である。なかでも、みずからの〝慢心との戦い〟である。とくに幹部の皆さまは、この一点をあらためてよくよく銘記《めいき》していただきたい」

（『池田大作全集』第七十巻）

自分自身との闘いを忘れるな――いつの時代も変わらないこの〝人間革命の原則〟を、池田は折に触れて強調してきた。

日蓮正宗《しょうしゅう》が創価学会の「破門《はもん》」という暴挙《ぼうきょ》に至《いた》る「第二次宗門事件」でも、この一節を引いてリーダーのあり方を論じている。
「自分の心を師とするのは、自己中心主義である。……心を師とする——胸の中では、自分がいちばん偉《えら》いと思っている。悪侶《あくりょ》がそうである。また政治家、学者、医師、有名人に、こういう傾向があるといわれる。そして、巧妙《こうみょう》に自分を尊敬させながら、人々を操《あやつ》り、利用する。そのような輩《やから》に、絶対にだまされてはならない。

彼らには、自分を超えた崇高《すうこう》なもの、偉大なものを求めて、『心の師』とする気持ちがない。また、庶民のため、困っている人のために、身をなげうって尽くそうという誠意がない」（同第八十四巻）

志津恵グラハムは、ヒースロー空港の待合室で〈心の師とはなるとも心を師とせざれ〉の話を聞き、スペインに向かう池田を見送った。彼女はこの折、イギリス創価学会の連絡責任者になっている。

二年後、ヨーロッパの中心者である山崎鋭一をパリから迎えて小さな座談会が行われた。写真記録が残るイギリスで初めての会合である。三人のイギリス人男性、五人の日本人女性、一人の赤ん坊が写っている。イギリスの草創期もまた、多くの国のSGIと同じく〝一人立つ〟女性たちから出発した。

その後、志津恵の夫のケンは外交官を志《こころざ》し、オックスフォードとケンブリッジの両大学に学ぶ。イギリス外務省に入省し、アフガニスタン、アルジェリア、ボリビア、マレーシア、オーストラリアに赴任《ふにん》した。

「ヒースロー空港で池田先生を見送った後、夫は『あなたをサポートしていきます』と約束してくれました。その約束通りに、どの国でも私の学会活動を支えてくれました。夫が定年を迎えた後の一九九九年（平成十一年）、イギリスSGIの大きな行事に二人で参加しました。夫は三十八年前に先生をロンドンに迎えた時と同じスーツを着て行事に臨《のぞ》みました。そのスーツは夫にとって、先生との思い出が詰まった宝物だったのです」（志津恵グラハム）

「オール・イン・ザ・ゴショ（御書）」

志津恵グラハムからバトンタッチした越子リンチは、イギリスで初代のロンドン地区部長、ロンドン支部長を務めた。

一九六七年（昭和四十二年）二月――〈私たちロンドン地区のメンバーは、イギリス人や日本人など異《こと》なる国籍の、およそ四十の家族です〉

六九年（同四十四年）五月――〈私たちロンドン支部にはリバプール、スコットランド、北アイルランド、そしてヨークシャーを含む広い地域が含まれます。毎週日曜に座談会《ざだんかい》、月曜に唱題会《しょうだいかい》をしています〉。

英字機関誌の「セイキョウ・タイムズ」に寄せられた越子リンチのリポートである。年を追

ロンドン市内のレストランで開かれた第１回イギリス代表者会議に出席した池田と妻の香峯子（1973年5月）©Seikyo Shimbun

うごとに集まる人が増え、ロンドンの座談会に遠くから片道三時間かけて通う人も出てきた。越子が残した手記にはそうした様子が生き生きと描かれている。

越子も志津恵グラハムと同じ五八年（同三十三年）、横浜で創価学会に入った。恋愛に悩み、姉から折伏《しやくぶく》された。

横浜は日本を代表する港町である。越子は世界一周の観光船で働くイギリス人男性と知り合い、イギリスに渡った。「草創期は北ロンドンにある越子リンチさんの家がイギリス広布《こうふ》の拠点でした。ウェールズ地方の先駆者であるキョウコ・ギブソンさんをはじめ、イギリス各地からリンチ宅に集まりました」。ロンドンで越子とともに活動に励み、今はイギリスＳＧＩ副婦人部長を務めるサチヨ・ウィルソンが語る。

イギリスＳＧＩの最初の機関誌「ＵＫエクス

プレス」もリンチ宅の一室で産声《うぶごえ》をあげた。

現在アイルランドに住むスティーブ・スミスも越子に励まされた一人である。スティーブは一九七一年、出張で日本に行った時に女子部員の長尾ミチと知り合い、ロンドンに戻った後も三年ほど文通を続けていた。ある日、ミチから結婚について書かれた長い手紙が届いた。スティーブは日本語が読めないが、「この手紙をロンドンに住んでいる越子リンチさんに読んでいただいてください」と書かれてあるのはわかった。

越子は、おそるおそる訪れたスティーブから手紙を渡された。読み終わると「あなた、信心しないとミチさんと結婚できないわね」と豪快《ごうかい》に笑った。そしてスティーブが抱《いだ》いていた日蓮仏法についての疑問を聞き、丁寧《ていねい》に話し込んだ。

＊

「越子リンチさんは情熱家。活発で単刀直入《たんとうちょくにゅう》で、バイタリティーのかたまりのような人でした。敬虔《けいけん》なカトリックの家で育った夫でしたが、越子さんの話を聞いたことが創価学会に入る大きなきっかけになりました」（ミチ・スミス）

スティーブ・スミスは一九七三年（昭和四十八年）に行われた「第一回イギリス代表者会議」に参加している。「池田先生はロンドンのザ・ウォーターサイド・インで行われた会合で『根を深く下《お》ろし、強い幹《みき》を育てていけば、枝葉《えだは》は自然と広がります』と言われました。大きな窓の外に見事な柳《やなぎ》が茂《しげ》っていて、先生は窓を振り返り、『ちょうど、この大木《たいぼく》のように』と指さされた。とても印象に残っています」。

「オール・イン・ザ・ゴショ」――すべては御書に書かれている――という池田の一言を、今も指針にしている。

池田はスティーブを、ヒトラーと戦い抜いたチャーチルになぞらえ「ミスター・チャーチル」と呼び、会うたびに励ました。「『チャーチルは第二次大戦において偉大なジェネラル（将軍）だったけれども、あなたは平和の偉大なジェネラルになってください』……イギリスにタプロー・コート総合文化センターがオープンした一九八九年、先生からそう言われたことが忘れられません」（スティーブ・スミス）。

　スティーブとミチの夫妻は南ロンドン方面で活

イギリスＳＧＩの中心拠点であるタプロー・コート総合文化センターの開所式に出席し、スティーブ・スミスの話に耳を傾ける池田（1989年5月、ロンドン郊外）©Seikyo Shimbun

躍し、今はスティーブの故郷であるアイルランドに住んでいる。「アイルランドはカトリックのしっかり根づいた国ですが、四五〇人ほどＳＧＩメンバーがいます。首都のダブリン以外に二つの支部があり、私の支部には三つの地区がありますが、一つの地区が広いですから、地区座談会に一時間半ドライブしてやってくる方もおられます」（ミチ・スミス）。

ミチ・スミスは一九六九年（昭和四十四年）、二十二歳で創価学会に入った。「まさか五年後にアイルランド人と結婚して、イギリスに住むことになるとは想像していませんでした」と笑う。

初めて池田に会ったのは七五年（同五〇年）のフランスである。国際結婚したことを伝えると、池田はミチに「イギリスのメンバーと仲良くするんだよ」と語った。

二度目の出会いもフランスだった（一九八一年）。「トレッツでの研修に、アイルランドからたった一人で参加した女子部員がいました。ぜひとも先生に紹介したいと思って運営本部まで連れて行きました」。

幸福は外から やってこない

南フランスのトレッツに、ヨーロッパの十八カ国から数百人が集まった。空き時間にメンバーが次々と池田に声をかけた。池田はアイルランドのメンバーと話した後、付《つ》き添《そ》いのミチにも声をかけた。「あなたのご家族は信心されているの？」と尋《たず》ねられ、ミチは日本に住む妹が創価学会に入っていることを告《つ》げた。

――太平洋戦争が終わった二年後、ミチは山形県の米沢で四人きょうだいの長女として生まれた。母は酒好きの父といつもケンカしていた。中学卒業と同時に、家計を支えるため就職した。稼《かせ》ぎのほとんどを実家に仕送りした。

〈華《はな》やいだ友達の姿をみるたびに、家族をうらみましたが、それでどうなるというものでもありませんでした〉（ミチ・スミスの手記）

東京で働いたが、米沢とまったく異なる東京の「カサカサした人間関係」が肌に合わなかった。体調も崩《くず》し、気管支炎《きかんしえん》や心臓発作《ほっさ》、不眠《ふみん》に苦しめられた。友人の姉から勧《すす》められ、気が乗らないまま創価学会に入ったが、仕事にも力《ちから》が入らず、知り合いの家を転々とする時期があった。

しかし、そんな生活にも限度があった。一番行きたくなかった友人の姉の家に足が向いた。彼女は「よかった！　あなたがいなくなったと聞いて心配していたのよ。早く帰って来るように祈っていたのよ」と、まるで実の姉のように喜んでくれた。

友人の姉の誠意と、実家の母の大反対と。迷ったすえ、ミチは「母に従って学会をやめよう。でも、その前に三カ月だけ、しっかり信心をしてみよう」と決める。「どうせ私には結果など出るわけがないし、その時には信心をやめるのもわかってもらえるだろうと思いました。そして初めて真剣に題目《だいもく》を唱《とな》えました。その時が、私の人生の新しい出発点になりました。あの時に感じた『生命が無限に広がる喜び』『私は生きているという実感』が、人生の原点になったのです」。

*

それから何冊か池田の本を読んだ。〈悩みは、誰人《たれびと》たりとも、大なり小なりあるものだ。……しかし、その原因が他人や環境にあり、他人や環境が悪いと憎《にく》んでゆく人生は苦しいものだ。幸福は、外からやって来るものと思いこんではいけない〉という『家庭革命』（講談社）の一節に目を見張り、自分のことのように感じた。

「小説『人間革命』を読んで、『青年は、親をも愛さぬような者も多いのに、どうして他人を愛せようか』という戸田先生の言葉も心にグサリと刺《さ》さりました。家の中でも、外で見かけても父のことは無視していましたから。『戸田先生は私の父のことをご存じではない。私の父だけは例外！』と思ったりもしました」

女子部で活動を続けるうち、思いきって故郷《こきょう》の父に手紙を出した。

そこに書いたのは、創価学会に入ったこと。『人間革命』を読んで感じたこと。理由もなく父を嫌《きら》っていたこと。今は父のことをもっと知りたいと思っていること……。「父から分厚《ぶあつ》い速達が届きました。それまで私が思っていた父とはまったく違いました。父はそれからお酒をピタリとやめました」。

ミチの実家は筋金入《すじがねい》りの日蓮宗の檀家《だんか》だった。学会に入ったことを母に告げると「二度と家の敷居《しきい》をまたぐな」と言われたこともあった。……そんな中、同じ信仰をたもった妹のことを、ミチは南フランスのトレッツで池田に懸命《けんめい》に伝えた。

ミチの話を聞いた池田は「では、妹さんの住所をメモに書いておいてください。日本に帰ったら、私からお手紙を出します」と言った。

ちょうどその日、ミチの夫のスティーブは、日本からの交流団を案内し、イギリスからフランスに向かっている途中だった。池田はそのことを知ると「ぜひご主人に渡してください」とミチに一冊の本を託《たく》した。それはイギリスの歴史学者トインビーと池田の対談集だった（第三章以降で詳述）。

アイルランドからやってきたメンバーを見送った後も、池田はさまざまな国籍、さまざまな人種のＳＧＩメンバーの報告を受け、同行スタッフに激励の指示を出し続けた。

「私はそれまでも学会活動をしてきましたが、あの先生の振る舞いに接して『創価学会の指導者というものは、ここまで一人のために尽くすものなのか』と圧倒《あっとう》されました。すぐ日本の妹に電話しました」（ミチ・スミス）

どのようにして人々を迎え、人々を笑顔にするのか

「私も池田先生が〝オール・イン・ザ・ゴショ〟と言われる場面に何度か居合わせてきました」。イギリスSGI壮年部の方面長などを歴任してきたトニー・バトラーが語る。「しかし、御書のすべてのページの精神を的確にとらえて、自分の人生を変え、さらに人にも勧めていくためにはいったいどうすればいいのでしょうか？　御書を七十年にわたって学び抜き、自分の使命を果たしてこられた師である池田先生が語る『師弟の関係』を通して、私はその答えを見つけられると信じます」。

トニーは一九八九年（平成元年）から九四年（同六年）にかけて、池田のヨーロッパ訪問の際は輸送スタッフのリーダーとして力《ちから》を尽くした。「どのようにして人々を迎え、どのようにして常に生命力を出し、どのようにして常に人々を笑顔にするのか。一人の人間としての先生の振る舞いに接することができました」。

トニーはイギリス人だが、仏法にめぐりあったきっかけは仕事で出会ったアイルランド人との対話だった。

「一九七四年（昭和四十九年）、私は彼が結婚することを知りました。『どの教会で式をする

の？』と聞くと、彼は仏教の結婚式をすると言うのです。『君の婚約者は仏教徒なの？』と聞くと『そうなんだ。そして俺もね』と。

とても驚きました。仏教徒といえば〝黄色い服を着て、頭を丸めている人〟だと思っていましたから。彼はあごひげをたくわえていたし、とても仏教徒には見えなかった」

トニーの宗教観はとてもシンプルだった。「世の中には宗教を必要とする人たちと、必要としない人たちがいて、私は後者（必要としない人）だ、ということです。でも、私はアイルランド人がいったい日蓮仏法の何に魅《み》せられたのか、強烈な興味が湧《わ》いたのです」。

トニーは彼を質問攻めにした。「座談会に行ってみると、その雰囲気にも、参加している人たちにも感銘《かんめい》を受けました。そして私には失うものが何もなかったので、自分自身を使って妙法の力をテストしてみようと思ったのです」。

「それまで私は仕事の目標はなく、仕事の環境はとても『不運』だと思っていました。人に対しても横柄《おうへい》な態度でした。それが信心を始めてからは、まるで変わったのです。仕事の業績は半年ごとに上がっていきました。

大事なことは、この変化は『超自然的な力』とか『偶然《ぐうぜん》』とかによって起こったものではない、ということです。すべての人が持っている生命力によって人生を変えられる。この哲学が私の財産です」

「祈り」とは――
運命のシナリオを書きかえる革命

イギリスの正式名称は「グレートブリテン及び北アイルランド連合王国」。イングランド、ウェールズ、スコットランド、北アイルランドの四つの地域で構成される。最も大きなグレートブリテン島の北――スコットランドは、緯度《いど》がカムチャッカ半島と同じで、自然環境は厳しい。古代ローマの時代、ケルト語で〝森深き地〟を意味する「カレドニア」と呼ばれていた。

毛《け》織物《おりもの》のタータンや木管楽器《もっかんがっき》のバグパイプで知られるこの地にも、「ダイモク」（題目）で人生を切り開く伝統を根づかせた人々がいる。「スコットランドのＳＧＩは、私を含めて数人の日本人女性からスタートしました」。長年スコットランドの中心者を務めた明美ポーチャスが述懐《じゅっかい》する。

明美は一九三九年（昭和十四年）、大阪で生まれた。父が磯田鉄工所という小さな工場を営《いとな》んでいた。港町の神戸で一人暮らしをしていたころ、大阪時代の友人から折伏《しゃくぶく》され、創価学会に入った。二十一歳だった。のちに夫となり、ＳＧＩのスコットランド本部長を務めるリチャード・ポーチャスと出会ったのも神戸だった。

リチャードが航海士《こうかいし》として乗り込んでいた船が、整備のため、二カ月ほど神戸港に錨《いかり》を下ろした。痛んでいた歯を治《なお》そうと神戸の歯科医に通った。その病院で受付をしていたのが明美だった。顔見知りになった明美はリチャードを創価学会の会合に誘《さそ》った。「その時の会合の参加者は、誰も英語をしゃべれなかったのですが」と笑う。

イギリスの正式名称は「グレートブリテン及び北アイルランド連合王国」
イングランド、ウェールズ、スコットランド、北アイルランドの4地域で構成される

二人は六八年（同四十三年）に結婚し、リチャードも信心を始める。「私の父は、私が青い目で金色の髪の男性と結婚するのを快《こころよ》く思っていなかったのですが、結婚式で神戸の女子部をはじめ多くの人に祝福される姿を見て、受け入れてくれたようです。その父ものちに学会に入りました」（明美ポーチャス）。

＊

三十四歳の時、日本を離れスコットランドのグラスゴーに渡った。グラスゴーはケルト人の言葉で「緑の谷」という意味である。

引っ越しが一段落したころ、明美はイギリスSGIの中心者であるリチャード・コース

トンから声をかけられた。「イングランドの広宣流布《こうせんるふ》は私がやる。あなたにスコットランドをお願いしたい」。

言葉もまだ通じず、なにより地理がわからない。明美は「まず〝バスの番号〟を覚えることから始めた」という。

「自宅前のバス停からバスに乗って、終点で降りて歩き、地理を覚えます。同じ番号のバスに乗って家に戻る。今度は違う番号のバスに乗って、違うコースと地域を覚えるんです。一年ほど続けるとスコットランドの大まかな地理が頭に入りました」。現地のメンバーからも「〇〇に行くにはどのバスに乗ればいいの？」と聞かれるようになった。

渡英の翌年、パリのソー公園で池田との出会いがあった。記念撮影の後、各国のメンバーが次々と池田に握手《あくしゅ》を求めていた。明美はもう一人の日本人女性と一緒にいた。「あんなに握手したら先生の手は痛くなっているはずだから、私たちは遠慮しましょう」と話し合い、遠巻《とおま》きに見守っていた。

池田の妻の香峯子《かねこ》が、離れている二人に気づいた。「先生の奥様から『どこからいらっしゃったんですか？』と尋ねられ、『スコットランドからです』と答え、しばらく懇談していました。先生が奥様のもとに来られて、結局、先生は私たちにも握手されました」。

スコットランドに来て十年目に大きな転機が訪れた。そこからのポーチャス夫妻の努力を、池田がエッセーで紹介している（二〇〇四年十月十日付「聖教新聞」）。

〈イギリスの夏季講習会にスコットランドから一人も壮年部員が参加しなかったのだ。ショックだった。今まで何をしてきたのか……。

　彼女（明美ポーチャス）は決心した。

「祈ろう。祈りから始めよう。徹底して祈るしかない」

　八四年八月二十四日、毎週一回の唱題会を開始した。八時間の枠《わく》のうち都合のよい時間だけ参加すればいいということにした。大事なのは時間の長さではないからだ〉

　時間は正午から、会場はポーチャス夫妻の自宅だった。「皆で話し合って、途中から七時間に変更しました」（明美ポーチャス）。

　夫のリチャードは燃料タンカーの船長として海に出ることが多かったが、スコットランドの各地に点在《てんざい》するメンバーを、夫妻そろって泊《と》まりがけで励まして回ることもあった。

〈翌年には十人の壮年が集うまでになったが、持続の苦労は並たいていではなかった。参加者が一人去り、二人去っていった時期は、つらかった。

「でも私は宣言したのです。『一人になっても続ける！』と」〉

　明美は「集まるのが二、三人の時もありました。音沙汰《おとさた》がなくなってしばらく経ってから『ソーリー』（すまなかった）と言って戻ってくるメンバーもいました」と振り返る。

〈年ごとに参加者は増えていった。去った友も戻ってきた〉――こうしたスコットランドの人々の志に触れて、池田は「祈り」の大切さを訴えている。

〈祈り——それは、あきらめない勇気だ。自分には無理だと、うなだれる惰弱《だじゃく》さを叩《たた》き出す戦いだ。〝現状は変えられる！　必ず！〟。確信を命の底に刻《きざ》み込む作業だ。

祈り——それは恐怖《きょうふ》の破壊《はかい》なのだ。悲哀《ひあい》の追放《ついほう》なのだ。希望の点火《てんか》なのだ。運命のシナリオを書きかえる革命なのだ。

自らを信じよ！　卑下《ひげ》するなかれ！　卑下は仏法への違背《いはい》だ。胸中《きょうちゅう》の仏界《ぶっかい》への冒瀆《ぼうとく》だからだ。

祈り——それは我が生命のギアを大宇宙の回転に嚙《か》み合わせる挑戦だ。宇宙に包《つつ》まれていた自分が、宇宙を包み返し、全宇宙を味方にして、幸福へ幸福へと回転し始める逆転のドラマなのだ。

人間は人間——その人間の可能性の扉を次から次へと開いていく《鍵《かぎ》》が祈りなのである〉

地区婦人部長を務めていたアン・ゲーブルは、夫のドンとともに十年間、唱題会に参加し続けた。車とフェリーを使い、片道二時間かかった。「『もう、やめよう』と思ったこともありました。でもポーチャス宅へ向かう道を引き返そうと思うと、アケミの声を思い出すのです。〝どんなことがあっても私は続ける〟という声を」。ドンは「あの十年は二〜三年のように感じます。楽しかったから早かったのです」と語った。

ポーチャス宅の唱題会は九四年（平成六年）の六月十日、ちょうど五〇〇回を数えた。

池田がスコットランドを初めて訪れたのは、その三日後だった。

「この方々こそ先駆者だった」

池田はグラスゴー大学から招《まね》かれ、同大学の名誉博士号を受けた。空港で出迎えたポーチャス夫妻に「ありがとう。あなた方のおかげで、やっと来れました」「〝お父さん〟が帰ってきたから、もう安心だよ」と語った。

「四日間の滞在《たいざい》でした。グラスゴー大学の授与式には、地元のSGIメンバーが八十人ほど、代表で列席しました」（明美ポーチャス）

――（スコットランドに）着いた日は、地元の方が「雲がない！　こんな空が、ここで見

1451年に創立され、英国７大学の一つに数えられるグラスゴー大学から名誉博士号を授与される池田（1994年6月）。大学評議会議長のマンロー教授が推挙の辞を述べ、ケアンクロス総長から名誉博士であることを証するフード（学位章）と学位記が贈られた ©Seikyo Shimbun

られるなんて」と驚くほどの快晴。その日が〈夏〉だとしたら、翌日、友との記念撮影の日は〈春〉のごとく暖かい薄曇《うすぐも》りであった。最終日、ロンドンに戻る時は、秋雨《あきさめ》のような冷たい雨が静かに降っていた。

そして滞在三日目、グラスゴー大学から名誉博士号をいただいた日は〈冬〉の天候であった。

「四日間で四季を味わえましたね」とは、私の妻の言葉である――（前掲のエッセー）

このエッセーの中で、明美ポーチャスが大好きなくだりがある。スコットランドの国民詩人、ロバート・バーンズのエピソードだ。まだ厳しい階級制度に貫かれた時代の話である。

〈……バーンズはある日、名家《めいか》の少年と歩いていた。出会った農夫《のうふ》に詩人が丁重《ていちょう》にあいさつすると、少年が「あんな人に」と非難した。詩人は教えた。「あの人は誠実な人格者だ。君やぼくの十人分以上の値打《ねう》ちがあるんだよ！」

代表作『何と言おうと人は人』で「誠《まこと》の人こそ人間の王」と歌った通りの詩人の振《ふ》る舞《ま》いだった〉

池田はこのエッセーに〈百年後には「この方々こそ先駆者だった」と喝采《かっさい》が贈られるのだ〉と綴り、同地のＳＧＩメンバーの信仰を称えている。

「池田先生をスコットランドにお迎えする」「スコットランドにＳＧＩの会館をつくる」「一人ひとりの人間革命」。この三つを掲げて始まったポーチャス宅の唱題会は二十年間で一〇〇〇回を数え、今は各地区で続いている。

＊

池田にとって、グラスゴーとともに縁の深いイギリスの大学はオックスフォードである。

「オックスフォードには池田先生は二度来られました。一度目は一九七二年、二度目は一九八九年です」。イギリスＳＧＩ副婦人部長のスー・イードンが語る。夫のマイケルとともにオックスフォードシャーの組織をゼロから育ててきた。

創価学会に入ったのは二十八歳の時だった。「当時、私はロンドンの狭《せま》いアパートに住んでいて、六歳の子を育てるシングルマザーでした。子どもを学校に送った後、自宅に〝ママ友〟を呼んでコーヒーを飲むのが楽しみでした」。

その友人の一人が創価学会員だった。「彼女に誘われて座談会に行ったこともあったのですが、仏法を信じたいとは思いませんでした。でもそれから二年ほど経って、彼女をよく知ってから仏法に興味を持ちました。彼女も私と同じシングルマザーでしたが、明るくて、懸命で、私にとってまぶしい存在でした。そして彼女に『夢があるなら題目を唱えてごらん』と言われた時、彼女と私の違いは、私が題目を唱えていないことだと気づいたのです」。

一九七五年（昭和五十年）の夏から信心を始めた。貧《まず》しい生活だった。「恥《は》ずかしいけれど、最初に御本尊《ごほんぞん》に祈った夢は『ラジオと洗濯機《せんたくき》と掃除機《そうじき》がほしい』でした」。

やがてスーの夢は叶《かな》うが、今度は「自分は何のために生まれてきたのか」と考えるようになった。「日蓮仏法について、『使命』ということについて真剣に学ぶようになったのはそれからでした」。

マイケルと結婚し、ロンドンからオックスフォードに移り住んだ。その二年後に創価学会のオックスフォード地区が生まれる。

池田との初めての出会いは八一年（同五十六年）、南フランスのトレッツだった。直接言葉を交《か》わしたわけではなかった。しかし何よりも印象に残る出会いだったという。

会食会があり、スーたちのテーブルに池田の妻の香峯子が座った。「どなたか質問のある方はいらっしゃいますか？」。そう促《うなが》され、スーは真っ先に手を挙《あ》げた。十二歳になった長女のハンナが年上の仲間とつきあうようになり、親の言うことを聞いてくれなくなっていた。

「私は『娘が問題ばかり起こします。どうすればいいでしょうか？』と質問しました。その時、私は奥様が『しっかり信心させるように』と言ってくださると期待していました」

質問を聞き終えた香峯子は、スーの手を握って話し始めた。「母親は、家族の太陽です。家族の中で、最もいい影響を与えることができるのが母親です。だから、お母さん自身の信心によって、きっと娘さんの状況を変えることができます」。

スーにとって思いがけない一言だった。「変わるべきなのは自分だということ、そして『娘が変わればすべてがうまくいく』などと期待すべきではない、ということに気づきました」。

オックスフォード大学を視察する池田と妻の香峯子ら（1972年5月、オックスフォード）©Seikyo Shimbun

書物は人を目覚めさせる

スーはその夜、池田に宛《あ》てて感謝の手紙を書いた。「オックスフォードでの学会活動のこと、いつかオックスフォード大学から再び先生が招聘《しょうへい》されて、お迎えできるように皆で祈っていること、夫が始めたレストランのこと、一緒に来ている五歳の娘のビアトリスが先生宛てに書いたカードのこと……。たくさんのことを書きました」。

翌日の会合では、池田夫妻から最も遠い席に座った。「前日、私はすでに十分励ましていただいたからです」。会合が終わるや、男子部のスタッフがスーを見つけ、飛んできた。香峯子がスーを探しているという。

香峯子は池田から伝言を預かっていた。「直接お話しできず申し訳ありません。昨晩はお手紙、本当にありがとうございました。オックスフォードでお会いできる日を楽しみにしております」「ご主人のレストランの事業が成功するよう祈っていることを、ご主人にもお伝えください」。

　スーは、昨晩の手紙がすでに日本語に翻訳され、池田が目を通しているとは思いも寄らなかった。

「娘のハンナはそれから一年半後、十四歳の時に信心を始めました。まだ〝十代の問題〟に悩んでいましたが、毎日勤行《ごんぎょう》するようになって私と夫は驚きました。今は陶芸《とうげい》教室を営みながら、地元の地区婦人部長としてがんばっています」

　スー・イードンはこれまで、ＮＨＳ（国民保健サービス）という機関でエイズ（後天性免疫不《こうてんせいめんえきふ》全症候群《ぜんしょうこうぐん》、ＨＩＶ）の患者を支援する専門官として働いてきた。働き始めるきっかけは学会活動だった。

「私がイギリスＳＧＩのオックスフォード本部婦人部長になって間もないころ、入会したばかりの女性からＨＩＶ感染を打ち明けられました。私は胸を痛めると同時に、『恐怖』に襲《おそ》われたのです。それが自分でもショックでした。深く恥《は》じ入りました。仏法の『同苦《どうく》』の心を学んでいたつもりだったのに。私は祈りながら決めました。『知ること』から始めようと。彼女と接するなかで『無知《むち》の壁《かべ》を破りたい』と感じたのです」

　当時、エイズは死に至る伝染病《でんせんびょう》として恐れられていた。今でこそ薬が発達し、日常生活では感染しないことが広く知られているが、エイズ治療の歴史は「無知との戦い」の歴史でもあった。

スーはボランティア活動から始め、大学の短期講座で学んだ。「本格的な活動は刑務所《けいむしょ》から始まりました。年少の犯罪者に向けた性教育を週一回、七年間担当したのです」「最初は不安でしたが、刑務所での教育に携《たずさ》わって初めて、日ごろの学会活動で鍛《きた》えられており、リラックスして臨《のぞ》めていることに気づいたのです」。

スーはNHSの信頼を得て、看護師の教育を担当し、さらにクリニックに通って子どものエイズ患者を直接ケアするようになった。「私が携わった子どもたちの多くが、サハラ砂漠より南のアフリカ出身だったこともあり、南アフリカ共和国にも派遣されるようになりました」。

子どもの感染を早期発見するためのアドバイスや家庭訪問などを担当してきた。二〇〇三年（平成十五年）から通い始め、これまで二十五回、南アフリカに赴《おもむ》いている。

*

池田がオックスフォードを再訪したのは、スー・イードンに伝言した八年後のことだった。オックスフォード大学から招かれた。同大学のボドリーアン図書館が池田に「終身名誉館《しゅうしんめいよかん》友《ゆう》」の証書を贈ったのである。

〈（ボドリーアン図書館の）「書棚《しょだな》」の距離は合計百三十七キロ。「百万枚以上の地図」「中世の勘定書《かんじょうしょ》から二十世紀の商店の広告まで」集められ、日本の地方史関係の図書も、ほぼ完璧《かんぺき》にそろっているという〉（池田のエッセー、二〇〇二年七月二十一日付「聖教新聞」）

　ヨーロッパ屈指《くっし》の図書館との交流は、これだけにとどまらなかった。翌九〇年（同二年）、池田の創立した東京富士美術館で「ボドリーアン図書館重宝《じゅうほう》展」が開かれた。大きな話題を集めたのは、十三世紀初頭に発布《はっぷ》されたマグナ・カルタ（大憲章）の原本である（一二一七年の再発布版）。

　マグナ・カルタとは〈「国王といえども法のもとにある」と宣言した歴史的文書であり、「権力に対する抵抗の象徴」である。ボドリーアン図書館のものは、完全な形で残っている最古のもの……八百年近くの歴史で、はじめてイギリス国外に持ち出されたのである〉（前掲のエッセー）

　館長のデイビッド・ベイジーが、池田の創った美術館なら、と画期的な展覧会にゴーサインを出した。

　オックスフォード本部の婦人部の有志は、ボドリーアン図書館で池田が式典に臨んでいる間、ジェリコという町の個人宅に集まり、成功を祈って唱題会を続けていた。その日の夕方、大きなユリの花がその家に届けられ、花に添《そ》えられた「お題目をひしひしと感じることができました」という池田のメッセージに皆が目を丸くする一幕《ひとまく》もあった。

　すべての行事を終え、池田がオックスフォードを後にした翌日、スー・イードンとマイケルの夫妻のもとに大判の写真集が届いた。表紙を開くと二人の目に英文のメッセージが飛び込ん

「ボドリーアン図書館重宝展」を鑑賞する池田（1990年9月、東京・八王子市）。同展は英国祭（UK90）の正式参加行事で、「マグナ・カルタ（大憲章）」はイギリス国外で初公開となった。63条からなるマグナ・カルタは、横暴な権力に対して、諸侯、商人たちが制限を加えようとしたものだった ©Seikyo Shimbun

だ。

〈オックスフォードの全同志へ。本当にありがとう。皆様のことを一生忘れません。わが家族の一員である皆様へ、この書を贈ります〉

ページの右下に「Daisaku Ikeda」――ダイサク・イケダ――とサインされていた。池田を迎えてから三十年近く経った今、オックスフォードシャーのSGIは一つの本部、二つの支部、十の地区にまで発展している。

＊

オックスフォードについて記した先のエッセーで、池田は〈書物は、人を目ざめさせる「武器」である。かの宗教革命も、印刷術《いんさつじゅつ》の発明なくしてはありえなかった。活字《かつじ》は「鉛《なまり》の兵隊」

であり、本は「鉛の軍隊」だった。本が世界を変えたのだ〉と綴っている。

このオックスフォードやグラスゴーに限らず、ロシアのモスクワ大学、中国の北京大学、アメリカのハーバード大学をはじめ、これまで池田は多くの大学と交流してきた。そうした教育の交流、知の交流を生み出してきた、「原点」ともいうべき一冊の本がある。

英語版のタイトルは『チューズ・ライフ（生への選択）』。このタイトルは『旧約聖書《きゅうやくせいしょ》』の「申命記《しんめいき》」の一節から選ばれ、一九七六年（昭和五十一年）、オックスフォード大学出版局から出版された。いっぽう日本語版は『二十一世紀への対話』と名づけられ、七五年（同五十年）、文藝春秋《ぶんげいしゅんじゅう》から出版された。

池田の著作の中で最も多い二十九言語で刊行され、何人もの国家指導者、知識人に読まれてきた。

対談相手の名は、アーノルド・ジョーゼフ・トインビー。ロンドンに生まれ、「二十世紀最大の歴史家」といわれた碩学《せきがく》である。

第3章 二度の「世界大戦」を越えて——イギリス②

イギリスＳＧＩの草創の友が、わが誇りとして語るのが、歴史家トインビーと池田の対談集である。トインビーは一九六〇年代から七〇年代にかけて、テレビなどで話した内容が全世界に報道される、時代を代表するオピニオンリーダーだった。

八十歳の碩学《せきがく》は、なぜ四十一歳の池田に対談を望む手紙を綴《つづ》ったのか。未来の読者に向かって、語り残そうとしたものは、何だったのか。秘められた真実に迫る。

「レ・ミゼラブル」「キャッツ」「ミス・サイゴン」……日本でも人気のあるこれらのミュージカルは、すべてロンドンのウエスト・エンドが初演《しょえん》である。

一マイル（約一・六キロメートル）四方に四十を超える劇場がひしめき合うこの街《まち》にも「ガラスの天井《てんじょう》」があった。女性やマイノリティー（少数者）が昇進《しょうしん》できない〝目に見えない〟差別――イギリスSGI（創価学会インタナショナル）副理事長のスー・ソーントンは、演劇の聖《せい》地《ち》でこの天井を打ち破った一人である。

「ひもとくたびに、誇らしく思います」

スーが舞台のカンパニー・マネジャーに定着したのは一九七二年（昭和四十七年）。二十七歳だった。プロデューサーの片腕《かたうで》として舞台を運営するカンパニー・マネジャーは当時、「男の仕事」だった。

後年、スーはロンドン市立ギルドホール音楽演劇学校の理事に就任《しゅうにん》する。仕事の空《あ》き時間、ギルドホールの図書館に立ち寄ると、決まって本棚から手に取る一冊の本があった。『チューズ・ライフ（生への選択）』。池田大作と、「二十世紀が生んだ最も独創的かつ良心的な歴史家」と評《ひょう》されるアーノルド・ジョーゼフ・トインビーの対談集である（邦題は『二十一世紀への対話』）。

「対談集をひもとくたびに、誇《ほこ》らしく思います。『安楽死《あんらくし》』をめぐって二人が激論を交《か》わすところや、『十界《じっかい》論』について池田先生がトインビー博士に解説されるところは、当時、翻訳《ほんやく》スタッフの一人として私自身が録音テープから文字を起《お》こしたと

トインビーの自宅近くのホーランド公園を散策（1972年5月、ロンドン）。この日、池田はトインビーと幸福論、自殺の問題、東洋医学と仏法、日本人論などについて語り合った ©Seikyo Shimbun

ころなので、ひときわ印象に残っているのです」

そう言ってスーはにっこり微笑《ほほえ》んだ。池田・トインビー対談が本になる過程で、イギリスの学会員たちも裏方《うらかた》として支えた。二十七歳だったスーもその一人である。

「希望」を持つ人々

トインビーと池田が初めて語り合った一九七二年（昭和四十七年）は、スー・ソーントンがちょうどカンパニー・マネジャーの仕事を勝ち取った年だった。
「私は創価学会に入って三年目でした。池田先生は七二年に四日間、翌年の七三年に五日間、トインビー博士と、オークウッド・コートの博士の自宅で対談されましたが、イギリスの学会員数人が、二人の対話の翻訳チームのスタッフとして手伝うことになったのです」（スー・ソーントン）
トインビーの住んでいた家はハイドパークの西にある。池田が泊《と》まった宿舎はハイドパークの東だった。連日、ハイドパークを挟《はさ》んで録音のためのリールテープが行き交《か》った。
「私は自分のタイプライターを持ち込んで手伝いました。午後になると、私たち数人がスタンバイしている部屋にリールテープが届き、すぐさま再生して、トインビー博士の発言をタイプライターで文字起こしするのです。私たちの作業は、先生の質問に対するトインビー博士の答えが、正確に翻訳されるための重要なステップでした。

翻訳された原稿がまとまると、先生のもとに届けられました。先生はトインビー博士とのやりとりを読み返して、翌日の質問をさらに練《ね》られるのです。次の日の朝は、先生からトインビー博士への質問をタイプしました」

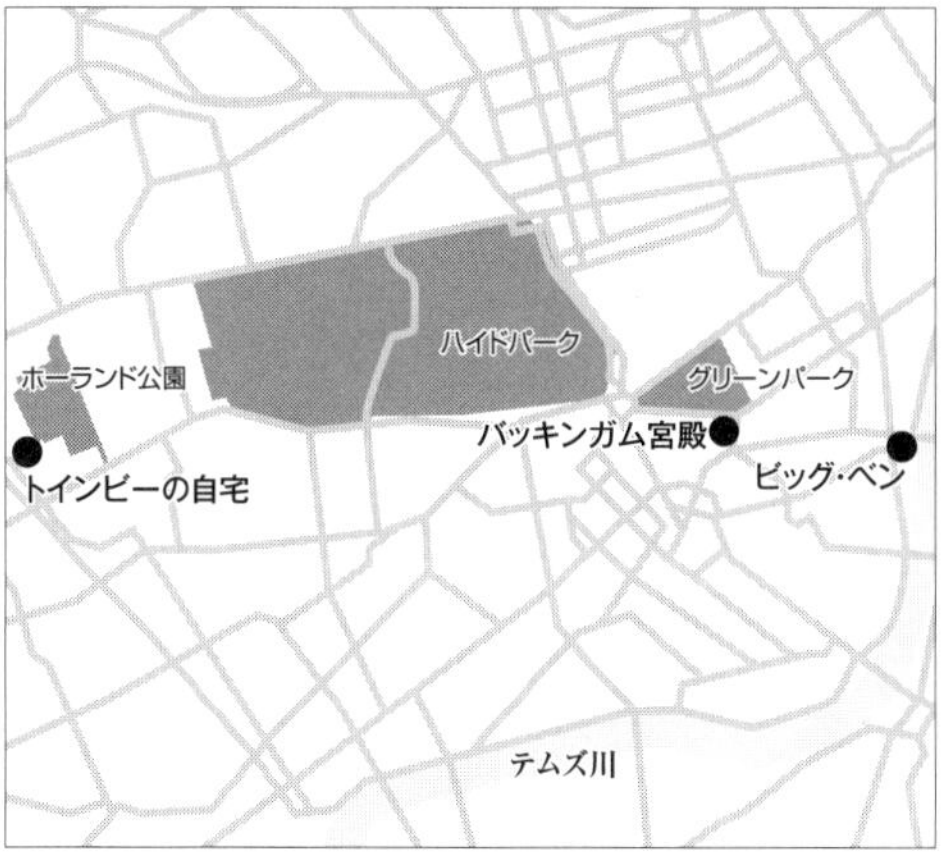

ロンドン市街地の地図

リールテープから聞こえる二人の対話。ひっきりなしに響くタイピング、改行《かいぎょう》、印刷の機械音。言葉の意味を確かめるスタッフのやりとり。辞書をめくる紙の音。にぎやかな作業部屋に池田は何度も足を運んだ。「日本で発売され始めたばかりのカップ麺《めん》を先生が差し入れてくださったこともありました。とってもおいしかった」（スー・ソーントン）。

スーは毎日、舞台の仕事に戻らないといけない時間のぎりぎりまで文字起こしを手伝い、夜のウエスト・エンドへ急いだ。仕事を終えた後、タイプライターの前に座《すわ》る日もあった。

＊

「私が信心を始めたきっかけは失恋《しつれん》だったんです」。

スー・ソーントンは二十四歳の冬、創価学会を知った。

「私はクリスチャンで、彼はユダヤ教の家の一人息子でした。学生時代に知り合って二年ほどつきあいました。結婚するなら私が改宗《かいしゅう》しないといけなかったのですが、彼から『君が改宗しても僕の家族には受け入れられない』と告《つ》げられ、別れました」

その翌月、高校時代の親友から仏法の話を聞いた。「一九六九年の冬です。六〇年代はドラッグ（薬物）が蔓延《まんえん》した時代でした。彼女は高校時代はおかしなことばかりしていて、大学時代もかなりワイルドだったのに、数年ぶりに会ってみるととても落ち着いて、なんだか輝いてみえました」。

印象が変わったことを伝えると、友人は「私、仏法を始めたから」と言った。スーは「宗教は人生を台無《だいな》しにする。つい先日も私の人生を台無しにしたばかりだ」と反発した。それでも友人と夏にかけて何度か会い、話し合った。その間にもスーはまた失恋を経験する。涙を流すスーに友人は「私はあなたの人生に何も与えることはできないけれど、でも『南無妙法蓮華《なんみょうほうれんげ》経《きょう》』は教えてあげることができる」と話した。

スーは当時、テレビ番組をつくるロンドン市内のプロダクションで働いていた。

祖母がロンドンの舞台女優だった。小さいころ、祖母の芝居《しばい》を観に行くたび、楽屋《がくや》まで遊びに行った。いつの間にか舞台の裏方《うらかた》の仕事にあこがれるようになった。ロンドンのセントラル・スクール・オブ・スピーチ・アンド・ドラマを卒業し、劇場やテレビ局で働いたが、思うような仕事がつかめず、四年ほどが過ぎていた。

「折伏《しゃくぶく》されても、最初は恥ずかしかったから、仕事の行き帰りの車の中でだけ題目《だいもく》を唱えていました。二週間ほど経《た》って、アメリカ人プロデューサーのアシスタントに抜擢《ばってき》されたのです。そのプロデューサーとは会ったこともなかったのですが、知り合いが『スーなら絶対に大丈夫』と推薦《すいせん》してくれていました」

「私はすぐ親友に電話して『素晴らしいことが起こったよ！』と伝えました。すると親友から『座談会に来てみない？』と誘われたんですが、これも最初は『ノー！』と答えました」とスーは笑う。

結局、しばらくして座談会に行くことになり、ロンドンの女子部で活動を始めていたバーバラ・ケイヒルたちと出会う。この三年後、彼女たちは池田・トインビー対談の翻訳スタッフとして歴史的な対談を支えることになる。

「私は二十二歳ごろから失意の連続でした。だから『人生とは、つらいものなのだ』と思うようになっていました。でもあの日、創価学会の座談会に行ってみると、それはアメリカ人の女子部メンバーの部屋でしたが、集まっている人たちが皆、希望を持っていることに気づきました。私はまもなく、創価学会に入りました。近所の果物《くだもの》屋さんから木箱《きばこ》をもらってきて、内側にきれいな紙を貼《は》って仏壇《ぶつだん》がわりにしました」

「この宝の塔《とう》は、いったい何を意味しているのですか？」

「私が信心を始めたころ、ロンドンには創価学会の地区が二つありました。ソーホーのバーバラ・ケイヒル宅、アールズコートのトヨ・コイヅカ宅が座談会場でした」（スー・ソーントン）

スーが日蓮《にちれん》仏法の深さに気づいたのは、「阿仏房御書《あぶつぼうごしよ》」という日蓮の手紙を読んだ時だった。

「法華経《ほけきよう》」に〝巨大な宝の塔《とう》〟が登場する。その高さは地球の半径《はんけい》ほどもあり、数《かぞ》え切れない宝石がちりばめられている。阿仏房という門下は日蓮に「この宝塔《ほうとう》は、いったい何を意味しているのですか？」と尋《たず》ねた。

法華経の宝塔は、「生命がどれほど尊いのか」を表している。スーは、日蓮が綴《つづ》った次の一文に心を動かされたという。

〈末法《まつぽう》に入って法華経を持《たも》つ男女の・すがたより外《ほか》には宝塔なきなり〉（御書一三〇四ページ）

――末法の世に入って、法華経を持っている男女の姿以外には宝塔はありません――

この一文は〈貴賤《きせん》上下をえらばず……〉と続く。仏法の世界では男女の差別はない。生まれた家柄《いえがら》（貴賤）も、学歴などの社会的立場（上下）も関係ない。男女や家柄や学歴にこだわるのは、仏法とは関係のない偏見《へんけん》である——スーはこの一節に触れて、いっそう御書《ごしょ》（日蓮の遺《い》文集《ぶんしゅう》）を読み込むようになった。

阿仏房に宛《あ》てられたこの手紙を通し、池田は『法華経の智慧《ちえ》』でこう語っている。

「宝塔は、大宇宙にそびえ立っている。……その荘厳《そうごん》さで『あなた方の生命こそ宝の集まりなのだ』と教えているのです。その巨大さで『あなた方の生命は宇宙大なのだ』と教えているのです」（普及版『法華経の智慧』〔上〕四七一ページ、聖教新聞社）

「阿仏房は『宝塔』の意味が知りたかった。（日蓮）大聖人《だいしょうにん》は端的《たんてき》に『ほかならぬあなたが宝塔なんですよ』と教えられた。そして『此《こ》れより外《ほか》の才覚無益《さいかくむやく》なり』——これだけ知っていればいいのだ。他の理屈や知識は『無益』なのだ、と。たしかに『御本尊を拝《はい》している自分が多宝の塔なのだ』と分かれば、あとは何もいらないのです」（同四七二—四七三ページ）

最初の一歩

スーは長年、フリーランスのカンパニー・マネジャーとして活躍した。三十六歳でシングルマザーになった。舞台の仕事と、学会活動と、子育てと、時間のやりくりに悩み、より安定した仕事を探した。

一九九一年（平成三年）、イギリスの演劇人にとって最高峰《さいこうほう》の教育機関であるギルドホール音楽演劇学校のスタッフ面接を受けた。面接に臨《のぞ》んだ人たちのなかで、女性はスー一人だけだったが、演劇技術部門の理事に迎《むか》えられた。のちに演劇学部の理事も務《つと》める。スーがつくりあげた教育のカリキュラムは、公立シティー大学の授業にも正式に採用され、今も高く評価されている。

スーはシティー大学の大学院で芸術政策を学び、五十二歳で修士号も取得した。息子のジェイクはアメリカで映画の脚本家として活躍している。

多忙ななか、スーがギルドホールの図書館でひもといた池田・トインビー対談には、スー自身が二十代から折伏に励み、仕事で結果を残してきた半生を支えてくれた、仏法の智慧が詰まっていた。

「先生とトインビー博士の対談集は、じつにさまざまなテーマが論じられていますが、テープ起こしをしていると、学会員にとって身近な話題が出てきて、驚いたことを覚えています」

トインビーは一九六〇年代から七〇年代にかけて、テレビのインタビューを受ければ、話した内容がＡＰ通信などを通して全世界に報道される、時代を代表するオピニオンリーダーだった。しかし、八十三歳の彼は四十四歳の池田を対等の相手として遇《ぐう》し、〝西洋の偏見《へんけん》〟にとらわれず、存分に学ぼうとした。池田との対談集には、トインビーの衰《おとろ》えを知らない探究心《たんきゅうしん》と、〝東洋の智慧〟に触れた驚きがほとばしっている。

たとえば「十界《じっかい》論」——生命にそなわる地獄《じごく》、餓鬼《がき》、畜生《ちくしょう》、修羅《しゅら》、人《にん》、天、声聞《しょうもん》、縁覚《えんがく》、菩薩《ぼさつ》、仏という十の特徴を示し、「すべての人《ひと》が仏の生命を現すことができる」ことを説いた法理《ほうり》である。池田は、トインビーがこよなく愛するダンテの『神曲《しんきょく》』を引き合いに出し、この「十界論」を語った。

トインビー　仏教では、きわめて精緻《せいち》な心理分析をしていますね。その精緻さは、これまで西洋でなされてきた、いかなる心理分析にもまさるものです。……私は、菩薩《ぼさつ》とキリストとの類似性《るいじせい》を見いだすのです。（『二十一世紀への対話〔下〕』聖教ワイド文庫、九十六㌻）

たとえば「十如是《じゅうにょぜ》」——「生命がどのような因果《いんが》で動くのか」を解き明かしている。学会員が朝晩の勤行《ごんぎょう》で三回繰り返す箇所《かしょ》があるが、それが「十如是」にあたる。池田が語る「十如是」の話を受け、トインビーは語っている。

トインビー　ただいま展開された仏法による生命活動の分析《ぶんせき》は、私が知っている現代西欧《せいおう》のいかなる分析よりも、詳細かつ精密《せいみつ》なものです。……〝十如是〟の概念は、〝挑戦《ちょうせん》と応《おう》戦《せん》〟という私自身の考え方に似ていないこともありません。（同一〇五—一〇六㌻）

たとえば「依正不二《えしょうふに》」――〝自分と環境は、目で見ると別々のものだが、実は融合《ゆうごう》している〟と説く仏法の象徴的な考え方だ（同〔上〕三十七ページ）。池田の説明を聞いたトインビーは、依正不二は「もともと、人類に共通するものであった」（同七十三ページ）と語る。

近代になり、産業革命が起こってから「〝依正不二〟への侵害《しんがい》」（同ページ）が本格的に激しくなるが、イエスの時代の人々は「〝依正不二〟の精神そのままに」（同七十六ページ）暮《く》らしていた。また、十二世紀に生きた聖者《せいじゃ》、アッシジのフランチェスコは「〝依正不二〟の熱烈《ねつれつ》な信奉者《しんぽうしゃ》であり、賛嘆《さんたん》者だった」（同七十八ページ）。「私は、〝依正不二〟の理念《りねん》が、道義上《どうぎじょう》の義務《ぎむ》をともなう宗教的信念《しんねん》として、全世界に受け入れられるよう期待しています」（同七十九―八十ページ）。さらにトインビーはアッシジのフランチェスコが「仏教徒からは菩薩《ぼさつ》として迎え入れられるよう望む」（同八十ページ）とまで語るのである。

スー・ソーントンはこれまでイギリスSGI婦人部長、欧州SGI副女性部長などを歴任してきた。四十年前に携《たずさ》わった池田・トインビー対談の意義を、こう述懐《じゅっかい》する。

「対談集の翻訳チームとしてテープを聞き、懸命《けんめい》にタイプしましたが、自分が歴史的な出来事に参加しているという認識はまったくありませんでした。当時の私には、この対談が池田先生にとってどれほど大切なものになるのか、わからなかったのです。トインビー博士との対談こそ、先生がSGIを〝対話を基《もと》にした世界的な民衆運動の団体〟に導くための最初の一歩になりました」

一九九八年（平成十年）の夏、研修の際、池田はスーたちイギリスＳＧＩの代表を長野研修道場に迎えた。「先生は懇談会の場で、私に『お立ちください』と言われ、各国の参加者の皆さんに対して紹介されたのです。『私は決して忘れません。二年にわたってトインビー博士との対談の作業に携わってくださったあなたをはじめ、皆さんの支えは、一生忘れません』と」。

スーの自宅には七三年（昭和四十八年）五月、トインビーとの対談の最終日に贈られた、

〈ありがとう　スーソォントンさん　五月十九日〉

と記された池田の揮毫《きごう》が大切に飾《かざ》られている。

英語圏《けん》の外にも広がった対談集

〈……対談は、いまこうして上梓《じょうし》されることになった。それは両著者《りょうちょしゃ》の日本における、世界の英語圏《けん》における、あるいはその他の地域における同時代人にとってもまた、これらの話題が共通の関心事であれば——との願いからである〉（『二十一世紀への対話［上］』聖教ワイド文庫、三ページ）

これは『二十一世紀への対話』の冒頭《ぼうとう》に掲《かか》げられた一文である。池田とトインビーがこの本に託《たく》した願いは叶《かな》えられたといえよう。

二人の対談はこれまで二十九言語で出版され、二〇一七年には中国語の簡体字版《かんたいじばん》が商務印書《しょうむいんしょ》館《かん》から発売された。九月に北京《ペキン》で行われた同書の完成発表会で、あいさつに立った一人が、南開大学教授の紀亜光《きあこう》である。同大学の「周恩来《しゅうおんらい》・池田大作研究会」（周池会）に関わってきた。四十八歳の紀亜光は「中国では一九八五年に繁体字《はんたいじ》の池田・トインビー対談が出版され、私はその三年後に南開大学に入学しました」と語る。

「寮《りょう》生活でしたが、学生同士でも、教授との間でも、この対談に基づいてよく議論しました。池田・トインビー対談を読んでいないと議論に加われなかったのです。だから教員に言われたわけではなく、自分で買い求めました。『改革開放《かいかくかいほう》』政策が始まってちょうど十年目でした」

「中国は本当に欧米に追いつけるのか、私自身も確信が持てなかった。当時の私たちは間違いなく、二人の巨匠《きょしょう》の対話に知恵や希望を求め、『人類』という視点を持ったのです。そして工業文明の弊害《へいがい》を認め、中国はどこへ向かうべきかについて新しい思考を持つに至《いた》りました」

＊

池田・トインビー対談は「この二十年で中国に最も大きな影響を与えた一〇〇冊」に選ばれたこともある（二〇〇四年、中国の大手書店「三聯書城」が発表）。

中国では知らない人のいない大人気作家の金庸《きんよう》は、池田・トインビー対談の中国語（繁体《はんたい》字《じ》）版に序文を寄せ、自身も池田と対談集を発刊している。

〈訪れた国で、思いがけない人から読後感を聞かせていただき、驚くことも多い〉（池田のエ

中国語の簡体字版『生への選択』（商務印書館）の完成発表会（2017年9月、北京）。各界から90人を超える来賓が出席し祝賀した ©Seikyo Shimbun

ッセー、『池田大作全集』第一二二巻）。チリのエイルウィン大統領、コスタリカのフィゲレス大統領、インドのナラヤナン大統領、トルコのデミレル首相、インドネシアのワヒド大統領——数多くの国家元首が池田と会見した際、「池田・トインビー対談の本人と会えた喜び」を語ってきた。

　ブラジルのフィゲイレド大統領との会見では、大統領のスケジュールを取りしきる文官長《ぶんかんちょう》で、ブラジルを代表する法学者のジョアン・レイタン・デ・アブレウが池田・トインビー対談の熱心な読者だった。「大統領会見の後、短時間でいいので私とも会っていただきたい」と要望している（単行本『民衆こそ王者』第七巻に詳述）。

　創価大学の国際交流に長年携わってきたスタッフの一人は「私が出会った総長、学長や教授たちで、池田・トインビー対談を読んだという方々のエピソードは多すぎて、すべては挙げられませんが、とりわけ印象的だったのはアルゼンチンと香港《ホンコン》での出来事です」と語る。

「まず、ブエノスアイレス大学のシュベロフ総長に、池田先生から預かってきた英語版の池田・トインビー対談を贈呈《ぞうてい》した時のことです。シュベロフ総長は最初、笑顔を浮かべて『申し訳ないが、必要ありません』と言われた。ビックリして理由を聞くと『昨年のクリスマスに、妻から同じ本をプレゼントされた』というのです。総長夫人が本屋の店員に『私の夫は経済学の学者なのですが、なにか勇気をもらえる本をください』と尋《たず》ねると、『ぜひこれを』と薦《すす》められた本が池田・トインビー対談だったというのです」

＊

「マカオ大学（旧マカオ東亜大学）のフェレイラ学長から聞いた話も強烈でした。フェレイラさんはポルトガル人で医学者です。彼は副学長時代の一九九三年（平成五年）、香港で初めて池田先生と会いました。先生はフェレイラさんに献辞《けんじ》入りの池田・トインビー対談を渡されたのですが、行事を終えたフェレイラさんと懇談した時、『先ほどの方が間違いなくドクター・イケダなのですね？　彼は何歳なのですか？』と興奮《こうふん》して質問してこられたのです」

「フェレイラさんいわく、『私はパリのパスツール研究所にいた時、研究所の本屋で池田・トインビー対談のフランス語版を買って読み、感動しました。一九八一年のことです。その後、私はポルトガルのリスボンに戻りましたが、ブラジルで出版された対談集のポルトガル語版も手に入れて、私の母国の言葉で読みました。私は今日まで、トインビーと堂々と渡り合っている対談相手の東洋人も、トインビーと同じくらいの年齢だと思い込んでいました。だから今日、本人を目の前にしてとても驚いたのです』ということでした」

一九七三年（昭和四十八年）の六月十三日、池田はヨーロッパ訪問から帰国した直後、創価大学を訪れている。前月、ロンドンでトインビーとの二年越しの対談を終えたばかりだった。グラウンドで若手教員たちと車座になって懇談した。「トインビー博士から会ってくれと頼まれた人たちなんだが、皆さん、知っているかな」と言って、若手教員たちに一枚のメモを渡した。達筆《たっぴっ》な英語で、細菌学者のルネ・デュボスやローマクラブのアウレリオ・ペッチェイなど、数人の名前が書かれていた。

池田は彼らとの対話にも取り組んでいく。懇談の場にいた一人は「池田・トインビー対談が海外の知識人にどれほど広く読まれてきたか、もしかしたら創価大学で教育、研究に携わる私たちのほうが知らないのかもしれません」と語る。

物心《ものごころ》がついて初めて知ったニュース

トインビーはなぜ「日本」に焦点《しょうてん》を当てたのか。なぜ「創価学会」に注目し、八十歳の秋、池田に宛てて〈私個人としてあなたをロンドンに招待し、私たち二人で、現在、人類の直面する基本的な諸問題《しょもんだい》について、対談したいと希望します〉と手紙を送ったのか。

〈(大人になってから)半世紀の間、私は今までやっていた仕事が仕上がったその日に、次の仕事を始めたものであった。一息《ひといき》入れて休むということは絶対にしなかった。そして仕上げたいと切望《せつぼう》するこの熱心さは、年をとるにつれて増してきた〉(トインビー『回想録I』一五一ページ、社会思想社)

功成《こうな》り名《な》を遂《と》げ、八十歳を迎えた碩学《せきがく》は、人生の残り時間を睨《にら》みながら、新しい仕事のリストに池田との対談を加えた。二年越しで四十時間にも及ぶ対話を重ね、膨大《ぼうだい》な往復書簡《おうふくしょかん》を交《か》わしたエネルギーの源はどこにあったのか。

トインビーが歩んだ人生をひもとくと、その理由が浮《う》き彫《ぼ》りになる。二人の対談が生まれた背景には、二十世紀に二度も起こった「世界大戦」、そして「核兵器《かくへいき》の誕生」が横たわっている。

*

〈私は戦争を憎悪《ぞうお》する〉——これはトインビーが大著『歴史の研究』の「再考察《さいこうさつ》」に綴《つづ》った一文である(第二十二巻、一一三二ページ、「歴史の研究」刊行会)。〈その理由はありきたりのものであり、この忌《い》むべき制度が初めて確立されて以来大部分の時代の大部分の人々が憎《にく》んできたのと同じ理由によって戦争を憎むのである〉。

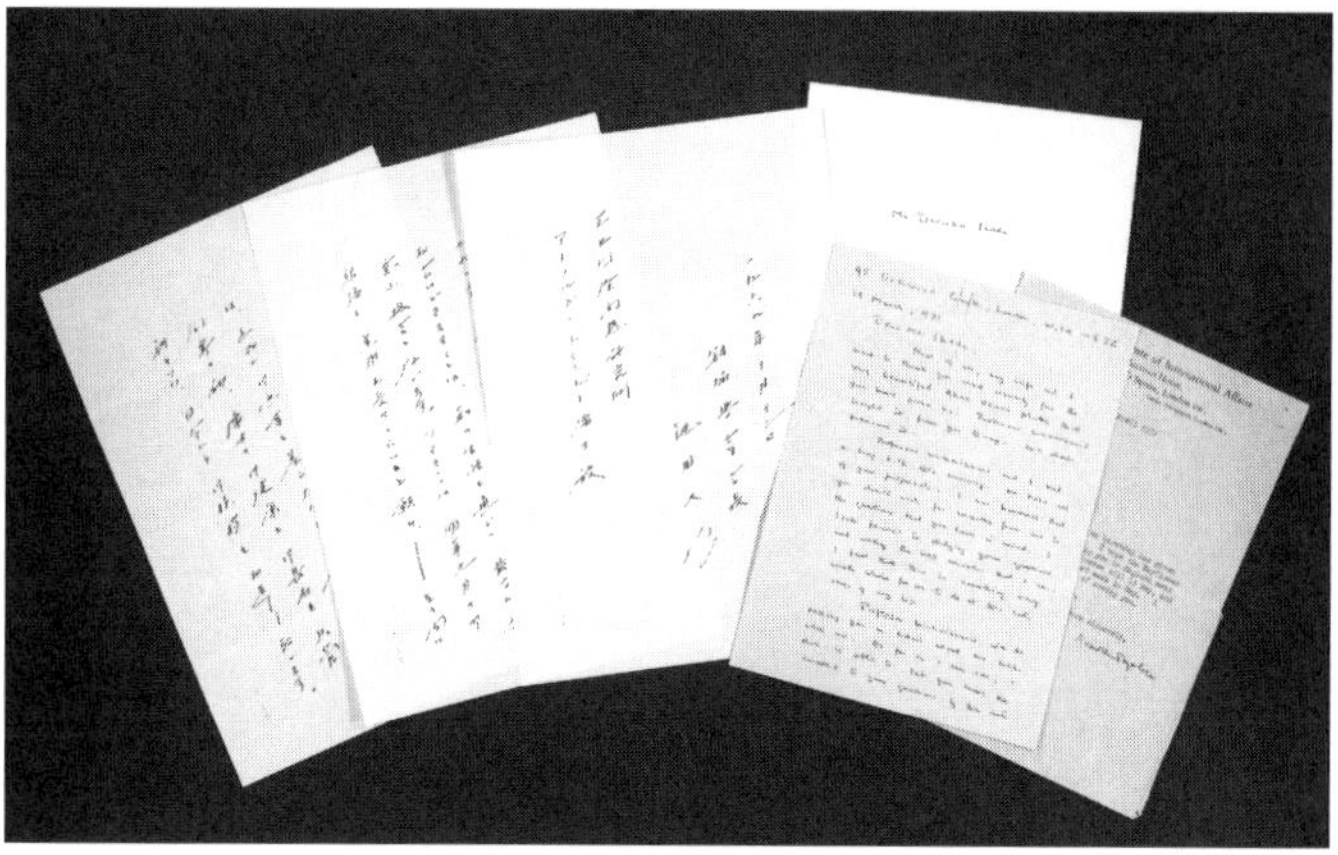

トインビーから池田に送られた招待状と池田の返信 ©Seikyo Shimbun

さらにこう続く。

〈戦争がもたらす心理的な破壊《はかい》〉は人間の〈業《カルマ》〉であり、それは〈戦争が与える物的な損害よりも、結果に於《おい》て破壊的であり、回復することがより困難《こんなん》である〉。〈しかし今や戦争は悪いものであるだけでなく、無意味なものになった。何故《なぜ》なら……原子力兵器は敗北をもたらすだけでなく、すべての交戦国《こうせんこく》に等しく滅亡《めつぼう》をもたらすであろう〉（同一一三三ページ）

トインビーは七十二歳の時、この一冊を世に問うた。

いっぽう池田は三十六歳の時、〈戦争ほど、残酷《ざんこく》なものはない。戦争ほど、悲惨《ひさん》なものはない。だが、その戦争はまだ、つづいていた。愚《おろ》かな指導者たちに、率《ひき》いられた国民もまた、まことに哀《あわ》れである〉――この有名な冒頭から小説『人間革命』を書き起こした。その五年後、トインビーからの書簡を受け取る。

二人が編《あ》んだ対談集は、全編にわたって「戦争」と対決する緊張感がみなぎっている。

『歴史の研究』を書いた後、トインビーは〈時代の不安の体現者〉〈時代の燃えるような願望の体現者〉と評価された（『歴史の研究』第二十一巻、十五ページ）。

とりわけ第七巻から第十巻は、第六巻までとは違う〈高い張りつめた調子〉に貫《つらぬ》かれている（日本語版では第十三巻から第二十巻にあたる）。

それには、はっきりした理由があることをトインビー自身が認めている。第七巻から第十巻の四冊は、〈長崎と広島に原子爆弾《げんしばくだん》が投下された後に書かれ〉たのだ（同十四ページ）。

〈……その結果生じた緊迫感と不安の調子は、非科学的であるかもしれない。しかし私はそうした情勢のなかでそれが「異様《いよう》」であるとは全く思わない。

反対に、当時私の書いていたものに私の感情が滲《にじ》み出るほど、これらの悲劇的な不吉な政治的事件に深く動かされなかったとすれば、そのほうが異様であると私は考えたい。

世界に起こっていることに対して敏感《びんかん》であることは、人間的であることの現われであると私は言いたい〉（同十六ページ）

池田との対談でも、トインビーはこの信条を繰り返し訴《うった》えている。

学問は「感情をまじえず、一党一派《いっとういっぱ》に偏《へん》せず、公平無私《こうへいむし》でなければならない」（『二十一世紀への対話［上］』一八三ページ）が、例外がある。

「ヒトラーによるユダヤ人の大量虐殺《たいりょうぎゃくさつ》といった問題になると話は別でした。これに関しては公平無私《こうへいむし》ということはありえない、と私には思えたのです。もし、このユダヤ人大量虐殺を、まるで天気予報でもやるような調子で、感情をまじえずに書いたとしたら、それはこの虐殺問題を公正《こうせい》に記録したことにはなりません」（同一八四ページ）

人間社会の出来事を論ずる時には「完全に感情を抜きにして不偏不党《ふへんふとう》になることは不可能だということです。……これが、私にとっての中道《ちゅうどう》でした」（同一八五ページ）。

トインビーにとって、世界中を敵に回す戦争を始め、核兵器を二度も落とされた日本は、まぎれもなく〈悲劇的な不吉な政治的事件〉の当事者だった。

そして、ロンドンっ子の彼が小さいころからニュースを通して知った「日本」という地名は、いつも「戦争」とともに報道されていた。

*

アーノルド・ジョーゼフ・トインビーは一八八九年四月十四日、ロンドンの中産階級の家で生まれた。日本では明治二十二年。大日本帝国憲法《だいにっぽんていこくけんぽう》が発布《はっぷ》され、フランスではパリ万博《ばんぱく》が開かれた。

トインビーが生まれた二日後、喜劇王のチャーリー・チャップリンが、その四日後にはアドルフ・ヒトラーが生まれている。

〈子供のころに深い印象を受けた最初の公《おおや》けの事件は、一八九四年の日清《にっしん》戦争であった〉という（『交遊録』の「日本語版に寄せて」、社会思想社）。

大日本帝国が清王朝《しんおうちょう》と開戦した時、トインビーは五歳――物心《ものごころ》がつきはじめたころだった。

「歴史」の面白さに目覚めたのも、この年だった。息子のフィリップとの対談で、母が子守歌がわりに「イギリスの歴史」を聞かせてくれた思い出を振り返っている。母のセアラ・イーディス・トインビーは、イングランドやスコットランドの歴史教科書を書いたこともある歴史家だった。

「……小学校で英国史を学んだときは、あまりおもしろくはなかったよ。それより……母は毎晩私をねどこにつれていき、私をねかせてくれながら、英国史をはじめから全部話してくれたのだよ。私が五歳か六歳のころだったろうか。そのおもしろさ」（『現代人の疑問』六十七ページ、毎日新聞社）

次に「日本」という単語を強く意識したのは、一九〇四年（明治三十七年）に起きた日露《にちろ》戦争だった。そのころトインビーは、ウィンチェスターにあるパブリックスクールで、極めて厳しい古典《こてん》教育を受けている真《ま》っ最中《さいちゅう》だった。

一番好きな歌

〈ウィンチェスターでの教育は、その十分の九まで古典教育であった〉（『回想録Ⅰ』十四ページ）

〈私の世代は、最も厳格な……ギリシア・ラテンの言語と文学の教育を与えられた、イギリスの殆《ほとん》ど最後の世代であった〉（『歴史の研究』第二十三巻、一〇七二ページ）

それは想像を超える高いレベルであり、トインビーは〈心の底からありがたいと思った〉と振り返っている（『回想録Ⅰ』十四㌻）。

なにしろ〈この教育の目的は、単にギリシア語とラテン語をフランス語やドイツ語よりも流暢《りゅうちょう》に読ませ、ギリシア・ラテンの文学にイギリス文学と同じくらい親《した》しませる〉（『歴史の研究』第二十三巻、一〇七二—一〇七三㌻）だけではない。十代の子どもたちに〈いにしえの巨《きょ》匠《しょう》一人一人の文体の微妙《びみょう》なところまで再現する〉ことを求めたのである（『回想録Ⅰ』十九—二十㌻）。

生徒たちは来る日も来る日も、英語のお手本となるような名文を〈キケロ風のラテン語〉や〈プラトン風のギリシャ語〉に翻訳させられた。

そして仕上げは〝生徒自身がラテン語やギリシャ語でエッセーを書き、詩を創作《そうさく》すること〟だった。

こうした猛特訓《もうとっくん》が人生にどう影響したか、トインビーは語っている。

「……不思議なことだけど、私がなにかに深く感動したりするとたちまち、それが詩の形になって頭に浮かぶ。その詩が、きっとギリシャ語かラテン語なのだ。それを英語ではいいあらわせないのだよ……自分の国の言葉が、まるで異国語《いこくご》のようになってしまうのだ」

「決して気どっているのでもなんでもない。ほんとうに、そうなのだよ」（『現代人の疑問』一一〇㌻）

トインビーが池田に伝えた〝人生のモットー〟は「ラボレムス（さあ、仕事を続けよう）」。これもラテン語である。

＊

「トインビー博士と聞けば、おそらくたいていの人は、〝大学者であるし、少年時代はきっと、学校が大好きな優等生で、少し近寄りがたいような秀才だったにちがいない〟と想像するであろう。しかし実際は、そうではなかった」

池田は未来部（小・中学、高校生のメンバー）の会合で、トインビーとの対談についてこう振り返っている（一九八九年の第二回未来部総会、『池田大作全集』第七十三巻に収録）。

「成績優秀ではあったが、学校に行くのがいやでしかたないということもあったという。諸君のなかには〝安心した〟と思う人もいるかもしれない。（笑い）

私は博士に『学生時代のことで、もっとも強く印象に残っていることは何でしょうか』ともうかがった。そのとき博士は、率直《そっちょく》にこう言われた。『十五歳の時、寄宿学校でかなり重症のホームシックにかかったことを思い出します』と。

親元を離れての寮生活に加え、先輩・後輩の関係が非常にやかましく、『すべてにわたって階級的』であった。博士も当初、ずいぶん先輩からいじめられ、悔しい思いをされたようだ」

（同）

トインビーは長い休みが終わり、新学期が始まる日を〝死刑囚《しけいしゅう》に対する死刑執行日《しっこうび》〟に例

世界29言語で出版される池田・トインビー対談

1	日本語	文藝春秋（日本、1975年）など
2	英語	オックスフォード大学出版局（イギリス、1976年）など
3	フランス語	アルバン・ミシェル（フランス、1981年）など
4	ドイツ語	エコン・クラーセン社（ドイツ、1982年）
5	イタリア語	ファブリ・ボンピアーニ社（イタリア、1988年）
6	スペイン語	エメセ社（アルゼンチン、1980年）など
7	ポルトガル語	レコルド社（ブラジル、1986年）
8	インドネシア語	PTインディラ社（インドネシア、1987年）
9	マレー語	ファジャール・バクティ社（マレーシア、1988年）
10	タイ語	クレッド・タイ出版社（タイ、1987年）
11	韓国語	一潮閣（韓国、1986年）など
12	スワヒリ語	ナイロビ・オックスフォード大学出版局（ケニア、1991年）
13	ヒンディー語	インド・オックスフォード大学出版局（インド、1992年）
14	ベンガル語	インド・オックスフォード大学出版局（インド、1994年）など
15	中国語・繁体字	国際文化出版社（中国、1985年）など
	中国語・簡体字	商務印書館（中国、2017年）
16	トルコ語	アンカラ大学出版局（トルコ、1992年）
17	フィリピノ語	フィリピン大学フィリピノ語センター（フィリピン、1994年）
18	ハンガリー語	ゴンドラート社（ハンガリー、1992年）
19	ウルドゥー語	パキスタン・オックスフォード大学出版局（パキスタン、1993年）
20	ブルガリア語	キリルとメトディ国際基金（ブルガリア、1995年）など
21	ネパール語	国立トリブバン大学ネパール・アジア研究所（ネパール、1995年）
22	シンハラ語	ケラニヤ大学（スリランカ、1999年）
23	ポーランド語	ポーランド科学出版社（ポーランド、1999年）
24	チェコ語	スヴォボダ社（チェコ、2000年）
25	セルビア語	デレタ社（セルビア・モンテネグロ〈当時〉、2005年）
26	ラオス語	ラオス人民民主共和国情報文化省（ラオス、2005年）
27	ロシア語	モスクワ大学出版会（ロシア、2007年）
28	オランダ語	エブロン・アカデミック出版社（オランダ、2009年）
29	ベトナム語	国家政治出版社（ベトナム、2016年）

えている。池田から「好きな歌は何ですか」と尋ねられたトインビーは、「帰郷《ききょう》の喜び」を歌う、寄宿学校の愛唱歌をあげた。「私たちは学期が終わって、帰省の途《と》につくとき、よくこの歌を歌ったものでした。私が一人で歌を口ずさむとすれば、これからも、このラテン語の歌でしょう」（同）。

そう言って池田の前で朗々と歌ってみせた。トインビーにとっては一番好きな歌も、英語ではなくラテン語だったのである。

十代で身につけたラテン語、ギリシャ語の力《ちから》が、のちに〈文明の比較研究〉を切り開く〈素晴らしい道具〉となった（『歴史の研究』第二十三巻、一〇八二ページ）。〝道具〟を手に入れただけではなかった。古《いにしえ》の言葉は〈たまたま私が生まれついた時と所を越えた精神の立脚点《りっきゃくてん》を与えてくれた〉（『回想録Ⅰ』一四四ページ）。そのおかげで、西洋の文明について〈過大評価《かだいひょうか》することを免《まぬか》れた〉（同）というのである。

命のある間に働かねばならぬ

「西洋の人々よ、驕《おご》るなかれ」というメッセージは、トインビー史観《しかん》の根幹の一つである。池田と「人間の潜在意識《せんざいいしき》」について議論した際、トインビーは強い口調で語っている。

第１次世界大戦中にロンドンから南西約50キロにある町、アルダーショットに駐屯（ちゅうとん）するイギリス兵（1915年）©Glasshouse Images／アフロ

トインビー　西洋人は、この分野ではインド人や東アジア人の経験から学ばねばならないことがたくさんあります。

　私はこれまでに出版《しゅっぱん》した著書《ちょしょ》や論文を通じて、再三再四《さいさんさいし》、この歴史的事実に西洋の読者の眼を向けさせようとしてきました。これは現代西洋人の滑稽《こっけい》なまでに誤《あやま》った信念《しんねん》——現代西欧《せいおう》文明が他の文明をことごとく追い抜いて頂点に立ったという信念——を揺《ゆ》るがし、振り捨てさせる一助《いちじょ》になりたいという、私の生涯《しょうがい》にわたる努力の一環《いっかん》なのです。（『二十一世紀への対話［上］』聖教ワイド文庫、四十八—四十九ページ）

「太陽の沈《しず》まぬ帝国」と呼ばれたイギリスの首都ロンドンで生まれ育ち、オックスフォード大学をずば抜けた成績で卒業したトインビーは、生涯にわたって「西洋中心」の考え方を批判し続けた。

その原点の一つは〈一九一四年八月〉にある。この月——誰も予想していなかった「第一次《だいいちじ》世界大戦《せかいたいせん》」が始まった。

池田はトインビーと過ごした時間を振り返り、衝撃《しょうげき》を受けた何枚もの〝写真額〟に言及している。

〈……（トインビー宅の）暖炉《だんろ》の飾《かざ》り棚《だな》に、十数点の人物写真が飾られていた。その小さな額《がく》の中に、第一次大戦で戦死した博士（トインビー）の級友たちがいた。

皆、三十歳に満たない若さであろう。戦争が始まる前に偶然《ぐうぜん》かかった病のため、戦地へ送られなかった博士には、生き抜くことは友への義務でもあった〉

〈博士の仕事場は……「生と死」を思索《しさく》する部屋でもあった〉（『池田大作全集』第一三三巻）

トインビーの著作には、何度も「戦死した同窓生」の話が出てくる。第一次大戦は、忘れようにも忘れられない悪夢の日々だった。次々に親友の訃報《ふほう》が届いた。学生時代に知り合った〈同年輩の友人のおよそ半数が第一次世界大戦で殺戮《さつりく》された〉のだ（『回想録Ⅱ』三十八ページ、社会思想社）。二十人近い亡き友の写真をそばに置いて、トインビーは多くの歴史書を書き続けた。

〈彼らが属《ぞく》していた世代と社会階級は、あの戦争のときのイギリス軍のうちで最も多くの戦死者を出した。彼らは職業軍人《しょくぎょうぐんじん》ではなく、臨時《りんじ》に少尉《しょうい》の地位を与えられた志願兵《しがんへい》であった。そして第一次大戦においては、この地位を与えられるということは死刑の宣告《せんこく》を受けることにも等しかったのである。

彼らの多くは、「戦争を終えるための戦争」において、自分を犠牲《ぎせい》にしているのだと信じつつ生命を投げ出した。……こうして生きてきた結果、私は戦争を黙認《もくにん》する伝統的な態度から、絶対反対の立場に転向《てんこう》したのである。戦争は立派な制度でもなければ微罪《びざい》でもなくて罪悪《ざいあく》である、と私は一九一四年に確信するようになった〉（同）

自宅の書斎で執筆するトインビー（1973年5月、ロンドン）©Seikyo Shimbun

トインビーにとって戦争は、歴史学の対象である前に、〈私のパブリックスクール時代ならびに大学時代の友人の半分の生命を奪《うば》い、さらに何百万もの私と同時代の人びとの生命を奪うことになった、国際間の冷酷《れいこく》で意味のない勢力《せいりょく》争《あらそ》いゲーム〉だった（『交遊録』二八四㌻）。

どうすれば防《ふせ》げるのか。自分たちを襲《おそ》った運命に〈私の孫たちや曾孫《ひまご》が襲われることのないように、私はできるかぎりのことをしなければならないのだ〉（『回想録Ⅰ』一〇八ページ）。
〈……恐ろしい悲しみの原因となった悪《あ》しき制度を廃止するために、私はまだ命のある間に働かねばならぬ〉（同一一〇ページ）

トインビーは池田との対話を通して、まだ見ぬ異国の読者に向かって、未来の読者に向かって、平和への〈燃えるような願望〉を託《たく》そうとした。池田はトインビーとの対話に持てる力のすべてを注いだ。そして対話の合間を縫《ぬ》って、イギリスＳＧＩの土台となる人々を励まし続けた。

一九七二年五月から七三年五月にかけて、二年越しになった〝二十一世紀への対話の旅〟。どのようなドラマが生まれたのか。

第4章 人類が生き延《の》びるために——イギリス③

第一次世界大戦で犠牲になった多くの級友の運命を嘆き悲しんだトインビー。しかし、〝大戦〟は、一度では終わらなかった。

「次の戦争」が起こるとすれば日米の戦争——しかも、かつてローマ帝国と戦ったカルタゴが跡形《あとかた》もなく破壊されたように、アメリカと戦えば日本は完全に破滅する——トインビーの警鐘は、まさに現実のものとなる。

そして、もう一つ、トインビーが見つめていた法則があった。敗れた文明の、最も苦しんだ民衆のなかから新しい世界宗教が生まれる——彼の眼には、創価学会が映った。

一九七二年（昭和四十七年）五月七日――晴れた日の午後、池田大作はケンブリッジ大学の〝リンゴの木〟の前にいた。アイザック・ニュートンについて語る大学スタッフの説明に耳を傾《かたむ》けていた。

「万有引力《ばんゆういんりょく》の法則」を発見したニュートンが学んだのは、三十一もある同大学のカレッジの一つ、トリニティ・カレッジである。ニュートンの時代、ペストが猛威を振るい、大学も休校になった。帰省したニュートンは、故郷のリンゴの木を見て大発見につながったといわれる。のちにそのリンゴの木は母校の庭に接《つ》ぎ木《き》された。

ケンブリッジ訪問の三日後にはオックスフォード大学を訪《おとず》れた。両校を見学しながら、池田の心は東京の八王子へ、産声《うぶごえ》をあげたばかりの創価大学へと向かっていた。

「……私が創価大学を創立したのは、その一年前（一九七一年）のことである。七百年の荘重《そうちょう》な伝統を誇《ほこ》る大ケンブリッジが、赤子《あかご》のごとき誕生まもない東洋の一大学の代表を、まことに

フェア（公正）な心で迎《むか》えてくださった」（一九九三年の池田のスピーチ、『池田大作全集』第八十二巻）

「ケンブリッジの冬もさぞかし寒いことだろうと、私は八王子の創価大学の寮《りょう》のことを二重写しに思った。もともと、都心の喧騒《けんそう》を離れた緑豊かな武蔵野をキャンパスに選んだ私の念頭には、オックスブリッジ（オックスフォードとケンブリッジ）の教育環境が一つのモデルとしてあった」（同）

ケンブリッジ大学を訪問した池田（右から２人目）。同大学を構成するカレッジ（学寮）を１時間ほど視察した（1972年5月）©Seikyo Shimbun

ケンブリッジの学寮は質素《しっそ》だった。池田は案内してくれた学生に「豪華《ごうか》な部屋から英知は生まれないことを知った。また、リーダーも生まれないことを知った」と語っている（『創立者の語らい（上）』五㌻、創価大学学生自治会「創立者の語らい」編纂委員会編）。

同行した原田稔（創価学会会長）は、「池田先生はオックスブリッジの学寮をはじめとして、どの施設《しせつ》もじつに丁寧《ていねい》に見学されました。まだ創立して間もない創価大学に少しでも生かせるところはないかと、どんな些細《ささい》な知識でも貪欲《どんよく》に学ぼうとされていました」と振り返る。

「言論によって立つ以外ないんだ」

この年、池田がイギリスを訪れた最も大きな目的——それは、歴史家アーノルド・ジョーゼフ・トインビーとの初めての対話である。

すでに書簡《しょかん》の往復は繰《く》り返《かえ》しており、話し合うべき大まかなテーマも確かめ合っていた。

「トインビー博士との対談は結果的に、先方《せんぽう》の要請《ようせい》があってから準備に三年もの月日をかけることになりました」と原田は語る。

「初めてトインビー博士から先生のもとに書簡が届いたのは昭和四十四年でしたが、翌年、日本で言論・出版問題が起こり、創価学会は社会から激しい非難を浴《あ》びます。私はあの逆風の渦《か》中《ちゅう》、先生が〝大地に倒れた人は、かえって大地によって起きる〟という御書《ごしょ》（日蓮《にちれん》の遺文集《いぶんしゅう》）の一節（法華証明抄《ほっけしょうみょうしょう》、一五八六ページ）を通して『〝言論〟によって倒れた者は〝言論〟によって立つ以外ないんだ』と言われた一言を忘れることができません。

文藝春秋から書き下ろしの『私の人生観』を発刊されたのも、言論問題直後の昭和四十五年十月でした。あの原稿は体調を崩《くず》されているなか、四〇〇字詰めの原稿用紙を一枚書き終えるごとに『正』の字を一画《いっかく》ずつ刻《きざ》みながら書かれました。トインビー博士との対話もまた、先生にとって極《きわ》めて重要な〝言論〟の戦いだったことは間違いありません」

＊

いっぽう原田は「ロンドンで一日かけてトインビー博士と対談された後も、宿舎《しゅくしゃ》に戻るとイギリスの学会員さんに宛《あ》てて数多くの揮毫《きごう》を書かれました。そのペースはいつもとまったく変わらず、すべて書き終わった時には日付が変わっていた日もありました」とも述懐《じゅっかい》する。「先生は一冊の本に献辞《けんじ》を書き終えると、隣《となり》におられる香峯子《かねこ》夫人に見せて、確かめておられました」

イギリスSGI（創価学会インタナショナル）ナショナル・チーフ・アドバイザーのリチャード・ベインズは運営スタッフとして、その姿に接した。「私にとって池田先生は『一人ひとりの悩みを知る人』です」と振り返る。「先生の帰国を間近に控《ひか》えた日でしたが、用事があって先生の部屋に行くと、ドア越しに先生がフェルトペンで何かを書いておられる音が聞こえました」。静かな夜更《よふ》けだった。ペンの走る音がよく聞こえた。「あの時、何のために、誰に宛《あ》てて書いておられたのか、後でわかりました」。

リチャードのもとに『青年の譜《ふ》』という池田の詩集が届いた。表紙を開くと〈栄光と福運を祈っています。親愛なるリッキー・ベインズさんに贈る。池田大作〉と書かれていた。「私はまさか自分に対する献辞まで含まれていたとは想像もしていませんでした」。

リチャードはその四年前、妻の明美に折伏《しゃくぶく》され、創価学会に入っていた。職業軍人の家に生まれ、少年時代は〝イングランドの庭園〟といわれるケント州で育った。「私は十六歳までプロテスタントの教会でオルターボーイ（侍者《じしゃ》）をやりました。対人恐怖症《たいじんきょうふしょう》で悩んでいました。学校を出た後は保険や広告会社、技術士見習いなど、いろいろな仕事を試しましたが、どれもうまくいかず、みかねた母が新聞に載《の》っていた航空会社の求人広告を持ってきてくれたのです。私の一番の苦手《にがて》は『人に会うこと』、次に『電話に出ること』。航空会社に入ったら、まさにその二つが仕事だったのです」と笑う。

「でも、その会社で妻と出会い、日蓮仏法とめぐりあったのです。結婚した当時は、ロンドン市内に学会の座談会場は二カ所。集まる人数は三十人くらいでした」

リチャードはのちにロンドン支部長やイギリスSGI理事長などを歴任していく。

「先生は一九七二年のあの日、一日中トインビー博士と対談をして、疲れきっておられたはずです。『生命を削《けず》るような行動』というものを、私は初めてこの目で見ました。

先生の行動がすべて、私たち学会員の幸福と広宣流布《こうせんるふ》のために注《そそ》がれていることを知った時、私にとって、先生のあらゆる本も、スピーチも、それまでとはまったく異《こと》なる意味を持つようになりました。つまり私は、『師弟とはどれほど深く温かな交流なのか』ということを、対談の空き時間を駆使《くし》してイギリスメンバーを励まそうとする、先生の姿から感じたのです」
リチャードの好きな御書は、「開目抄《かいもくしょう》」の〈今度・強盛《ごうじょう》の菩提心《ぼだいしん》を・をこして退転《たいてん》せじと願《がん》じぬ〉――今度こそ強い求道心をおこして「断じて退転するまい」と誓《ちか》った――という一節である（二〇〇㌻）。「仕事でも学会活動でも、〝これ以上、どうしようもない〟という状況に直面するたびに、いつもこの御書を思い出します」。

創価大学は「皆でつくる大学」

一九七三年（昭和四十八年）四月、池田はトインビー夫妻との出会いについて創価大学の学生たちに語っている（第三回入学式の記念講演「創造的人間たれ」。前掲『創立者の語らい（上）』に収録）。

すでに前年、一度目の対話を終え、二度目の対話に臨《のぞ》む直前だった。往復書簡を交《まじ》え、対談はすでに〈原稿用紙二千枚を超える分量〉になっていた（「サンデー毎日」のエッセー、『池田大作全集』第二十一巻）。

トインビーの妻ヴェロニカは、池田が自分の母校ケンブリッジ大学を訪れたことに真っ先に感謝を伝えた。トインビーもまた、母校オックスフォード大学を池田が訪れたことに、感謝の手紙を綴っている。池田は二人の母校愛に強く感じるものがあった。

オックスフォードもケンブリッジも私立大学である。池田の講演は、同じく私立としてスタートを切った創価大学の未来に及んだ。

「……私立大学というのは、国家権力とまったく無関係のところにある。……私立大学とは、自主的な大学のことであり、いわば、皆でつくる大学なのであります」

「トインビー博士のごとく、だれに対しても、母校をほめてもらうのがいちばんうれしいというように、皆さん自身がつくったこの大学を、自分たちがいちばん誇りとし、また、その母校を喜んでくれる人に対して感謝できる、そのような皆さん方になってほしい。そうなっていただくことが、創立者として、最大の喜びなのであります」

創価大学は「人類の希望の塔《とう》でなくてはならない」「人類のために、社会のために、無名《むめい》の庶民《しょみん》の幸福のために、何をすべきか、何をすることができるのかという、この一点に対する思《し》索《さく》、努力だけは、永久に忘れてはならない」。

この講演「創造的人間たれ」は、同年夏の「スコラ哲学と現代文明」、翌年の「創造的生命の開花を」、そして創価学会の第三代会長辞任から二年後に行った講演「歴史と人物を考察――迫害と人生」などとともに、創価大学、創価女子短期大学の精神的な財産となっている。

「戦争兵器がもつ平和への脅威《きょうい》はもちろん、進歩に対する誤《あやま》った信仰が、人類の死への行進を後押ししている現代であります。

人類が生き延《の》びるために、われわれはいったい、何をすればよいのか。いったい、何ができるのか。

……この、これからなさねばならない壮大な人類の戦いの一翼《いちよく》を、創価大学が担《にな》うならば、そして、少なからぬ貢献《こうけん》をなしうるならば、創価大学の開学の趣旨《しゅし》も一応、結実《けつじつ》したと、私はみたいと思うのであります」「私のこれからの最大の仕事も教育であり……それは、二十一世紀の人類を、いかにしたら幸福と平和の方向へリードしていけるか、この一点しか、私の心にはないからであります」

自ら創立した大学の、黎明期《れいめいき》に集い合った学生たちの前でこ

池田・トインビー対談の目次（『二十一世紀への対話』上 聖教ワイド文庫版から）

第一部　人生と社会

第一章　人間はいかなる存在か
1 人間の動物的側面　2 遺伝と環境について
3 精神と肉体の関係　4 深層心理の探究
5 理性と直観

第二章　人間を取り巻く環境
1 人間と自然　2 天災と人災
3 現代都市の諸問題　4 都市から農村へ
5 終末論に対して　6 地球の汚染を防ぐために

第三章　知的生物としての人間
1 学問・教育のあり方　2 文学とその役割
3 知識人と大衆　4 知識人・芸術家の政治参加
5 科学的思考法の限界

第四章　健康と福祉のために
1 医学における倫理観　2 臓器移植に関して
3 一般医と専門医　4 老人への福祉
5 国民総生産か国民総福祉か
6 母親業という“職業”　7 産児制限と家族数

第五章　社会的動物としての人間
1 新しい労働運動のあり方　2 余暇の増大に対して
3 組織と価値観　4 複数組織からの挑戦
5 世代間の断絶と“体制”　6 マスコミの中立性
7 信教の自由について　8 出版の自由の限界
9 死刑廃止について　10 自殺と安楽死

う訴えたひと月後、池田はトインビーとの二度目の対話に臨《のぞ》んだ。

〈トインビー博士も当時、創立まもない創価大学に大きな関心と期待を寄せてくださっていた〉（一九八九年のスピーチ、『池田大作全集』第七十二巻）

四十代半ばの池田と、八十歳を過ぎたトインビーは、まさに、

「人類が生き延びるために、
われわれはいったい、
何をすればよいのか。
いったい、何ができるのか」

（講演「創造的人間たれ」）

をロンドンで語り合った。完成した池田・トインビー対談はその記録である。全編を通して十二の章に分かれ、具体的なテーマは七十七にも及ぶ。前章に続き、その一端《いったん》をひもときたい。

気づかなかった「大戦《たいせん》」の兆《きざ》し

〈なぜ私は今日もなお生きてこういう文を書いているのであろうか〉——これはトインビーの『回想録』の一文である（『回想録Ⅰ』四十九㌻、社会思想社）。

世界で最も有名な歴史家の一人だった彼は、八十歳の誕生日を記念し、同書を世に問うた。

〈私はもう二度の世《せ》界大戦《かいたいせん》を生き抜いてきた〉。しかし、はたしてあの二度目が

対談の目次（続き）（『二十一世紀への対話』中 聖教ワイド文庫版から）

〝最後の大戦〟なのかどうか、〈世界の誰にもまだわからないのである〉（同ページ）。

〈二度の世界大戦に生き残り、原子兵器の発明を目にするまで生きてきて……一個の人間としては、私は自分の目に映る世界を静かに眺《なが》めていることに甘《あま》んじることはできない〉（一〇七―一〇八ページ）

〈戦争を廃止《はいし》する方向に向かって私の生きている間にできるかぎりのことをすること〉（一〇八ページ）――人生の目的が、この一点にしぼられていった経緯《けいい》を丹念《たんねん》に記した。

ロンドンのトインビーが、東京の池田に宛《あ》てて〝私たち二人で、現在、人類の直面する基本的な諸問題について語り合いたい〟とエアメールを送ったのは、この『回想録』出版から数カ月後のことだった。

池田は彼の人柄について「週刊読売」のエッセーでこう述懐している。

〈（戦争が終わった後の）「余生《よせい》は、さずかりもの」という思いが深くあられたようだ。生き残った者のつとめとして、その後の人生を「悲劇を繰り返さぬために」ささげられた〉（『池田大作全集』第一二二巻）

＊

トインビーの生涯は、オックスフォードの多くの卒業生と同じく、母校を愛する心とともにあった。

〈学校で同年輩だった人々の半《なか》ばは、二七才を越す前に戦死した。私は一九一五年以来常に、自分がまだ生きていることに驚き、そのとき中途で命を断ち切られた友人たちが私のような機会を奪われたことを悲しんできた〉（前掲『回想録Ⅰ』一四一ページ）

第一次世界大戦が終わった時、トインビーは二十九歳だった。ようやく終わった戦争を、人々は単に、〝大戦《たいせん》〟と呼んでいた。「第一次」と名づけなければならなかったのは、その後、「第二次」が起きてしまったからである。トインビーが大学を卒業したころ、まだヒトラーのナチスドイツも、広島と長崎に落とされた原子爆弾も、この世になかった。

そもそも、トインビーが学校で習った〝最後の大戦争〟は、一八一五年、ナポレオンが敗《やぶ》れた「ワーテルローの戦い」だったのである（同六十一ページ）。

対談の目次（続き）（『二十一世紀への対話』下 聖教ワイド文庫版から）

池田・トインビー対談は「人間の動物的側面」から始まり、「至高の人間的価値」で終わる。全編を通じて「どうすれば人間の価値を高められるのか」という関心に貫かれている

「私の学生のころには、歴史は一八一五年で終わっていたのだよ」「私たちは過去に対して優《ゆう》越《えっ》感《かん》をもっていたのだ。……戦争のようなでき事は遠い過去のもののように思っていたのだ」（『現代人の疑問』一四三―一四四ページ、毎日新聞社）

ヨーロッパの人々の多くは、自分たちの文明が世界一優《すぐ》れていると感じていた。「科学への信仰」が広がり、「キリスト教」にとってかわり、それまでの世界観が音を立てて崩れ、素晴らしい時代がやってくる……そういう時代の雰《ふん》囲《い》気《き》だった。

しかし、そのヨーロッパの至るところを戦場にして、四年以上も殺し合いが続き、一六〇〇万人もの命が奪《うば》われたのである。

池田・トインビー対談でも、〈一九一四年以来、戦争の性格が大きく変化し、凶《きょう》悪《あく》化《か》したため、国家が信じられなくなった〉経《けい》緯《い》が語り合われている（『二十一世紀への対話［中］』聖教ワイド文庫、四十九ページ）。

西洋の人々にとって、一九一四年に始まった「第一次世界大戦」がどれほど大きな衝《しょう》撃《げき》だったか、日本人には想像しにくい。

トインビーは〈私の生涯は「一九一四年以前」の時期と「一九一四年以後」の時期に今なおはっきり分けられる〉と強調している。それは、ヨーロッパの歴史が〈「キリスト紀《き》元《げん》前《ぜん》」と「キリスト紀元後」にはっきり分けられているのと同じである〉とまでいうのである（『歴史の研究』第二十一巻、二九〇ページ、「歴史の研究」刊行会）。

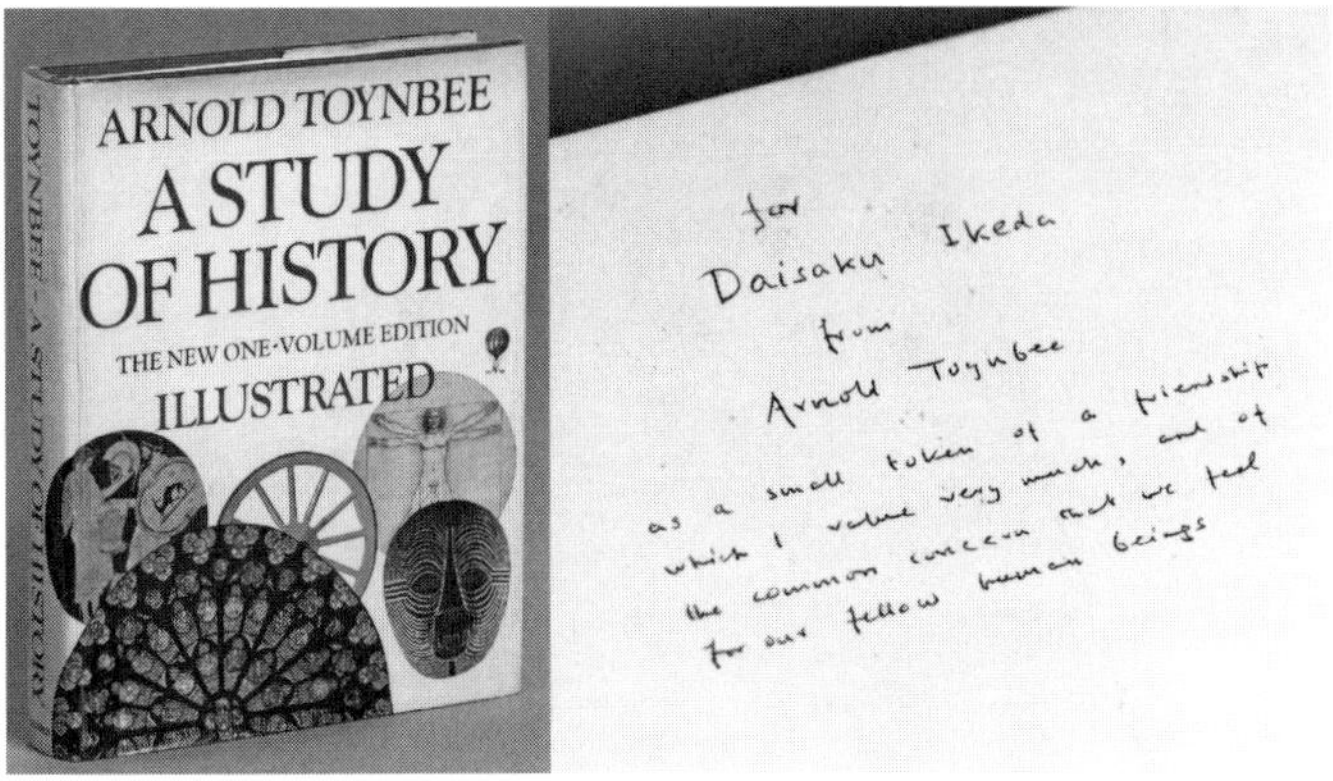

トインビーから贈られた『図解　歴史の研究』と、同書にトインビーが記した池田への献辞（けんじ）。「私が心から大切にしているあなたとの友情、また同胞たる人類に対してあなたと共有する憂慮（ゆうりょ）のささやかな証しとして」と綴られている ©Seikyo Shimbun

そして、当時を生きた若者たちに「想像力」が欠《か》けていたことを、息子との対話のなかで、痛ましい思いを込めて語り残している。

＊

――それは「大戦」が起こる二年前、一九一二年（大正元年）のことだった。休み明けに、二十代前半の同級生たちが集まった。

そのなかに、〝ヨーロッパの東の端《はし》〟にあたる東ガリツィア（現在のウクライナ南西部）で生まれた、バーンスタインという同級生がいた。

この年、「バルカン戦争」が勃発《ぼっぱつ》し、東ガリツィアも巻き込まれた。「バルカン戦争」は、「第一次世界大戦のきっかけ」となった戦争である。のちに東ガリツィアはロシアに占領《せんりょう》され、ドイツ・オーストリア軍が奪《うば》い返す動乱《どうらん》に陥《おちい》っていく。だが〈二回のバルカン戦争も、まだこれからきたるべき大洪水《だいこうずい》に先立って雨粒《あまつぶ》がぱらぱらと落ちるに等しいものでしかなかった〉（『回想録Ⅰ』四十八ページ）。
バーンスタインは故郷で見てきたばかりの光景を、同級生たちに熱心に話した。
こちら側にはオーストリア軍が、そして向こう側にはロシア軍が、二十マイル（約三十二キロメートル）の近さで向かい合っている……しかし、話を聞いた同級生たちは誰一人、深刻な関心を持たず、かえってその話を肴《さかな》に盛り上がった。その輪の中に、二十三歳のトインビーもいた。

無理もなかった。彼らが青春時代を過ごしたロンドンから、東ガリツィアまで行くには、はるか二〇〇〇キロもの長旅である。まだドーバー海峡を渡る旅客機《りよかつき》もなければ、鉄道もない。若い想像力は、戦争の現実にまで届かなかった。そもそも「大戦」が起こることを予想できた大人もいなかった。

「……私たち一同どっと笑いくずれたのだよ。とんでもないぶっそうな国からきたものだなあ、このバーンスタインの奴《やつ》……」（『現代人の疑問』一四六ページ）

そんな雰囲気で話は盛り上がり、彼らの命にかかわる話題は流れていった。この日、笑顔で肩を叩《たた》き合った彼らの多くが、三十歳を迎えられなかった。

「私たちがまじめに話をききもせず、同情もしないのをみて、彼は全くあきれていたよ。（島国のイギリスに住む）私たちにしてみれば、そんなでき事が、私たちとなんの関係があるというのか。まるでわからなかったのだね。

しかも、それからわずか四年のち、そこにいあわせた私たち学生の半分は、西部戦線《せいぶせんせん》フランダース地方で戦死していたのだよ。

君には想像もできないだろうね。ほんとうなのだよ。あのときは、（東ガリツィアという）東ヨーロッパのでき事が、英国にどういう関係があるのか理解できなかったのだよ」（同）

「あなたさえもすでにいない、はるかな未来のために」

……もしも生きていたら、ボビー・パーマーは長老《ちょうろう》政治家になっていただろう。G・L・チーズマンは世界で最も優《すぐ》れたローマ史家になっていただろう……（『回想録I』十三ページ）。

トインビーはいくつかの著作に、戦争で未来を奪われた友の名を留《とど》めている。池田に対しても繰り返し、その悲しみを語った。

トインビー　私はいま八十五歳という年齢でありながら、まれにみる幸運に恵《めぐ》まれています。幸い妻も健在ですので、私は、夫婦という人生で最も貴重な人間関係をいまだにもっているわけです。……このような恵まれた状況のなかで長生きすればするほど、私は、第一次世界大戦中に二十代の若さで戦死した、私と同世代の人々の運命を嘆《なげ》き悲しまずにはおられ

ません。（『二十一世紀への対話〔上〕』聖教ワイド文庫、二二五―二二六ページ）

〝大戦〟は多くの友を殺した。しかし、〝大戦〟は一度では終わらなかった。

〈一九一八年の（第一次大戦の）休戦の日には、生涯に二度目の世界大戦を目にするまで生きていようとは夢にも思わなかった〉（『回想録Ⅰ』一四二ページ）

「第一次」から「第二次」にかけて、トインビーは十年ほどイギリス外務省の官僚としても働いている。外交の場で、あのヒトラーから二時間十五分の〝講義〟を受けたこともあった。ヒトラーは、トインビーが書いたナチス批判の文章を目にした。そこで、ドイツを訪れていたトインビーに直接会い、イギリス人のドイツ観を少しでもよくしようと働きかけたのだ（『交遊録』の「ヒトラーの講義」から。オックスフォード大学出版局）。

「第一次」も「第二次」も、大戦の後始末《あとしまつ》である講和《こうわ》会議はフランスのパリで開かれた。トインビーはその両方にイギリス政府の代表団として参加した。そして、三度目の講和会議など「ない」と断《だん》ずる。

〈原子兵器をもってする世界大戦のあとのパリ講和会議？　そんなものの可能性を信じるほどおめでたい人がいるだろうか〉（『回想録Ⅰ』六十七―六十八ページ）

＊

二度の世界大戦を経《へ》て、トインビーは独特の「歴史を見る眼《め》」を磨《みが》いた。その眼が、池田・

トインビー対談の、

〈文明はその基盤《きばん》をなす
宗教の質《しつ》によって決まる〉
（『二十一世紀への対話［下］』聖教ワイド文庫、一一七㌻）

という結論に至る道を開く。きっかけは、第一次世界大戦が始まった一九一四年。母校であるオックスフォード大学の授業だった（「試練に立つ文明」、『トインビー著作集５』二十二―二十三㌻、社会思想社）。

トインビーは二十五歳だった。若い教師として、学生たちと二三〇〇年前の戦争の歴史を学んでいた（トゥキディデスの『戦史』）。

突然、〝今、ヨーロッパで起きている戦争〟と、〝二三〇〇年前の古代ギリシャの戦争〟が、地続《じつづ》きでつながったという。それは一瞬《いっしゅん》の出来事だった。〈その時までは夢にも気づかなかったような意味あいを彼（トゥキディデス）の単語の一つ一つの中に読み取り、夢にも感じなかった感じを彼の言葉づかいの一つ一つの背後に感じ取った〉〈彼の現在がわたくしの未来であった〉。

トインビーは〈新しい眼〉を開いた。これまで学んできた「古代」や「近代」という時代の分け方すら〈全く無意味になってしまいました〉という。

のちに世界に名を轟《とどろ》かせる「トインビー史観《しかん》」が芽吹《めぶ》いた瞬間だった。彼は「まだなまなましい過去について書くことも、遠い過去について書くことも、そこにはっきりしたちがいがあると感じたことはない」（『現代人の疑問』七十六―七十七ページ）と語っている。

五〇〇〇年の時を超え、場所を自由にまたぎ、人間が生み出しては亡《ほろ》んでいった文明を比べる彼の歴史観は、やがて〈人間にとって、肉体的に手が届き、精神的な視界《しかい》の範囲内《はんいない》にあるものは、すべて人間の一部なのである。事実、人間は宇宙と同じ拡《ひろ》がりを持つ可能性を持っている〉という生命観に至《いた》る（『歴史の研究』第二十一巻、二七五ページ）。

こうしたトインビーの考えは、仏法の生命観にも驚くほど似ていた。池田・トインビー対談では、この生命観が何度も登場する。

> ……最も望《のぞ》ましい心の変革とは、人間の内面からの精神変革による以外にないのです。この変革は、経済の次元ではなく、宗教の次元で行わなければなりません。しかも、それはすべての人間が、個々《ここ》に成《な》し遂《と》げていかねばならないのです。（『二十一世紀への対話［上］』聖教ワイド文庫、三二八ページ）

これは、池田の言葉ではない。トインビーの言葉である。二人の対話には、互《たが》いに平行線で終わったテーマがほとんどなかった。

トインビー　私たちの考えは、少なくとも基本的には一致していると思います。（世代論について。同三二七ページ）

池田　言葉こそ違《ちが》え、私たちの主張は一致するものです。（組織論について。同三〇二ページ）

〈私たちは午前十時から対話を始めるのを常《つね》とした。博士の書斎《しょさい》のすぐ隣《となり》にある居間《いま》で、私たちは窓を背にソファに腰をおろし、語りあった〉（『池田大作全集』第二十巻）

〈高齢からくる難聴《なんちょう》で常に補聴器《ほちょうき》をつけておられたが、頭脳《ずのう》の切れ味は衰《おとろ》えを知らぬげであった。午前十時に始まった対談が、たちまち昼過ぎになっていた。

……終わると、きまって夫人とともにエレベーターのところまで見送りに出《で》、にこやかに両手を振りつづけておられた。その身についた謙虚《けんきょ》さ、誠実さ〉（同第二十一巻）

トインビーは池田に「私はもちろんのこと、あなたさえもすでにいない、はるかな未来のために、語り残しておきましょう」と言い、議論は熱を帯《お》びた。

「ライラック」から生まれたグループ

「トインビー博士の英語には、ラテン語の引用が混《ま》ざるので、テープ起こしや翻訳のスタッフは苦労されていました」

ＳＧＩ副女性部長などを歴任してきた丸山明子が語る。

東京で生まれ育った明子は、十九歳の時、友人のすすめで創価学会に入ったが、実家の家族には猛反対《もうはんたい》された。会合で池田にそうした悩みを相談し、「君がしっかり信心していけばいいんだよ」と励まされたこともあった。「トインビー対談が始まった年、私は日本の商社《しょうしゃ》のロンドン支社で働き始めたばかりでした。当初、詳《くわ》しいことはわかりませんでしたが、現地スタッフのお手伝いをしました」。

二人の対話に仏法用語が出てきた時も、英語でどう訳《やく》せばいいかイギリス人メンバーと額《ひたい》を寄せ合った。

一九七二年（昭和四十七年）の池田・トインビー対談は四日間行われた。その最終日、二十六歳の明子は池田に一つの相談をした。

かつて池田の師、戸田城聖《じょうせい》は日本の女子部の中心メンバーに「華陽《かよう》会」と名付け、薫陶《くんとう》を

イギリスＳＧＩの中心拠点であるタプロー・コート総合文化センターに集い合ったライラック・グループのメンバーら（2015年6月、ロンドン郊外）©Seikyo Shimbun

重ねた。「イギリスでも華陽会のようなグループが必要だと思い、先生にうかがったのです」（丸山明子）。

「イギリスは、ライラックだ」。池田は「ライラック・グループにしよう。君が責任者だよ。英知をもって、着実にね」と明子に託《たく》した。

――この日（五月九日）の午後、四日に及ぶ長い対話を終え、再会を約束した池田とトインビーは、トインビー夫妻がいつも散策《さんさく》しているというホーランド公園を歩いた。池田がトインビーの腕《うで》を支え、妻の香峯子《かねこ》はトインビー夫人のヴェロニカと語り合いながら、小《こ》一時間の散歩だった。

公園には、ひときわ華《はな》やかな香りを放つ、見事な花々が咲き誇っていた。池田はその木を指《ゆび》さし、トインビーに花の名を尋《たず》ねた。日本ではリラと呼ばれるその花を見上げ、トインビーは「この花はライラックといいます」とうれしそうに語った。

　ホーランド公園だけでなく、五月のロンドンのあちこちで、ライラックは花盛《はなざか》りを迎えていた。

＊

　明子はライラック・グループの責任者に決まった後、意気込《いきご》みを書いて池田に送った。「イギリス訪問の後、先生はパリに行かれましたが、そのパリから『決して焦《あせ》らずに』と直筆《じきひつ》で書かれた返事が戻ってきました」。

　池田は明子に詩集『青年の譜』も贈っている。表紙を開いたところに、

〈イギリスの　ライラックグループの　十年先の幸せと　美事《みごと》なる開花を　祈りつつ　此《こ》の書を贈る〉

と書いた。そして「宛名《あてな》は、十年後に」と伝言した。

　明子は「日本人の女性は結婚したら名字《みようじ》が変わるので、そういう意味だったのかもしれないし、『これから十年の頑張《がんば》りを見ているよ』という励ましの意味もあったのかもしれません」と振り返る。池田は約束どおり、ちょうど十年後、『青年の譜』に「丸山明子様」と書き加えた。

「当時のロンドンの中心拠点にイギリス全土の地図が貼《は》ってあり、イギリスのメンバーが増え

ると、ライラック・グループが地図の上に記録していきました」（丸山明子）
イギリスSGIが五つの支部に増えた時、明子は夫の茂明とともにエバーグリーン支部の支部長、支部婦人部長としてイギリスの草創期《そうそうき》を支えた。「支部といっても、日本の関東くらいの広さでした」と笑う。
ライラック・グループは日本で会合運営を支える「白蓮《びやくれん》グループ」のように、次の世代のリーダーを育てる役割を果たしている。現在、欧州SGI女性部長を務《つと》めるスザンヌ・プリチャードをはじめ、多くのリーダーが同グループで信心を学んできた。イギリスSGIの発展を支え続けるこのグループは、池田とトインビーの対話の日々から生まれた。

＊

対談の初日、池田とトインビーは三つの大きなテーマを定めた。
一、人間とは何か。いかに人生を生きるべきか。

世界各地で翻訳された池田・トインビー対談。現在、29言語で出版されている ©Seikyo Shimbun

二、世界平和を実現する方法
三、生命の根源《こんげん》

冒頭、池田は語った。

「この世の中で、ある分野で専門的に深い人はいるでしょう。しかし、その個々の学問・社会運動の根源となるもの、すなわち〈生命の尊厳《そんげん》とは何か〉とか〈人間とは何か〉について総体的・本質的な視点から見透《みす》かす人は少ない。私はこの〝根源的なもの〟をずっと探究《たんきゅう》し続けてまいりました。博士も同様と思いますが……」

トインビーはこう応じた。

「実は私も、そこの点の話をだれかとしたかったのです。私はまだ根源なるものをわかったわけではありませんが、このたびの対談でベストを尽くさせていただきます」（一九七三年五月二十二日付「聖教新聞」）

トインビーは池田に対して「人間のもつ力《ちから》が増大《ぞうだい》すればするほど、宗教は必要になってきます」（『二十一世紀への対話［上］』聖教ワイド文庫、八十九ページ）、「われわれは、何らかの宗教をもたないかぎり、人間ではありえません」（同三四三—三四四ページ）と繰り返し語り、前章でも触れたとおり、大乗仏教《だいじょうぶっきょう》に並々《なみなみ》ならぬ思い入れを抱《いだ》いていた。

「池田・トインビー対談にどのような意義があるのか。そもそも、なぜトインビー博士が日本の大乗仏教にこれほど強い関心を持ったのか。これらを示す象徴《しょうちょう》的なトインビー博士の文章が二つあります」

創価学園の東京学園長を務めた城川正敏が語る。城川は世界史の教師として、また寮の担当として、多くの生徒たちとともに池田・トインビー対談を学んできた。

一つめの文章は、トインビーが一九三四年（昭和九年）に書いた「次の戦争」。もう一つは、池田の小説『人間革命』の英語版に寄せた「序文」である。

宗教は「虐《しいた》げられた人々」から生まれた

「トインビー博士は日本に三回来ましたが、初来日は一九二九年（昭和四年）で、国際会議に参加しました。その会議のテーマは『満州《まんしゅう》問題』でした」（城川正敏）

かつて日本は日中戦争の泥沼《どろぬま》に足を踏み入れ、世界中を敵に回す太平洋戦争の地獄《じごく》へと突き進んだ。そのきっかけが、三一年（同六年）に起こした「満州事変《じへん》」である。「二度目の世界大戦」がさし迫っている――トインビーが恐怖を感じた出来事こそ、この「日本軍の満州侵《しん》略《りゃく》」だった（『現代人の疑問』一五二ページ）。

トインビーは京都で行われた国際会議で、「国家が絶対である」という考えにこだわり続ければ「国家は戦争とともに滅《ほろ》ぶ」と訴え、国家主義の動きを厳しく批判している（新渡戸稲造編『太平洋問題：一九二九年京都会議』）。この初来日は池田との対談でも話題になり、池田が「その年に、私は一歳でした」と語ると、トインビー宅の居間《いま》は笑いに包まれた（「中央公論」一九七三年八月号掲載のエッセー「トインビー博士との五日間」や『池田大作全集』第八十四巻）。

初訪日の五年後、四十五歳のトインビーは「次の戦争——ヨーロッパかアジアか」という論文を発表する。「この論文のなかに、トインビー史観のキーワードともいうべき国の名前が出てきます。それは『カルタゴ』という帝国です」（城川正敏）。

*

カルタゴ帝国は、二〇〇〇年以上昔、現在のチュニジアのあたりにあった。貿易が得意で、数百年にわたり地中海に君臨《くんりん》した。

ローマ帝国と三度戦い（ポエニ戦争）、名将ハンニバルはローマ軍を散々《さんざん》な目に遭《あ》わせたが、結局敗れた。カルタゴは跡形《あとかた》もなく破壊され、この世から消える。

トインビーは二〇〇〇年の時をさかのぼり、「もしも日本がアメリカと戦えば、かつてカルタゴのたどった道が日本の運命になる」と断言したのである。「次の戦争」とは日米の戦争だった。「太平洋戦争」が始まる七年も前に、トインビーには日本の破滅《はめつ》が見えていた。

——日本が英語圏《けん》を攻撃することはバカげていて、ありえないにもかかわらず、それが起

北アフリカのチュニジアに残るカルタゴ遺跡 ©アフロ。政治学者の蠟山（ろうやま）政道は、トインビーが日本とカルタゴの運命を重ね合わせた論文「次の戦争」を読み〈われわれとトインビーとのあいだに比較にならないほど思考力と想像力に相違があることに気がついた〉と述懐している（『世界の名著61　トインビー』、中央公論社）

こらないという保証はないのだ。日本の伝統である「ハラキリ（切腹《せっぷく》）」が、国の規模で起こりうる。

――日本とアメリカの戦争の行く末は目に見えている。それは「ポエニ戦争」だ。アメリカが「ローマ」、日本が「カルタゴ」である。そして、その戦争はカルタゴの消滅で終わる。

――世界が日本に対して、合理的な救《きゅう》済策《さいさく》を提供《ていきょう》しなければ、日本の向こう見ずな侵略は疑う余地《よち》がない。（「次の戦争」の要旨）

日本はトインビーが推測したとおりの道を進んだ。そして、この話には続きがある。

「『次の戦争』という論文は、『トインビー博士にとって、池田先生と創価学会がどのような存在だったのか』を雄弁《ゆうべん》に物語っています」と城川は語る。

トインビーは歴史家として歩み始めたころ、まず「国家」の歴史を調べた。しかし、それでは人類の歴史はわからないと気づき、国家を生み出す源《みなもと》である「文明」に目を向ける。

さらに、「文明」と「宗教」の関係を探り続けた末、彼は再び考えを改める。

――それまでは「文明」を中心に「宗教」を論じ、考えていた。だが、そうではない。宗教を根本に据《す》えなければ、文明の歴史も、人類の歴史も読み解けない――これがトインビーのたどり着いた歴史観だった。有名な、

〈挑戦《ちょうせん》と応戦《おうせん》〉

というテーマの真骨頂《しんこっちょう》でもある。

〈宗教は、犬のように、人間の都合の良いように後について来《こ》させることはできないのである〉(『歴史の研究』第二十一巻、一七八ページ)

トインビーは、高等宗教は「一つの文明」からではなく、「二つ以上の文明の出会い」から生まれると説いた(同一七七ページ)。

「トインビー博士によれば、ローマ帝国は古代ギリシャを中心とする〝ヘレニック文明〟に属《ぞく》し、カルタゴ帝国は〝シリアック文明(シリアの文明)〟に属します。つまり、ローマとカルタ

ゴの戦争は、〝文明と文明の戦争〟でした。そして、敗れた文明の、最も苦しんだ民衆のなかから、新しい世界宗教が生まれる。この学説が『歴史の研究』の最大のポイントです」（城川正敏）

＊

戦争に負けたカルタゴは〈徹底的に抹殺《まっさつ》された〉。しかし〈政治的独立の喪失《そうしつ》によってすべてが終わったのではなかった〉（『歴史の研究』第二十二巻、七三七ページ）。敗れた文明から生まれた宗教——キリスト教やイスラム教が、勝った側の文明にも広まっていく。

負けたシリアック文明も、勝ったヘレニック文明も、今はない。しかしキリスト教やイスラム教は、狭い国境の枠《わく》を越える「世界宗教」となり、文明の違いをも越えて、大きく育っていった。池田はこのトインビー史観について、「高等宗教という知恵も、文明の解体期《かいたいき》に、『もっとも虐《しいた》げられた人々』からこそ生まれたことを強調されたのである」（『池田大作全集』第一二二巻）と簡潔《かんけつ》に語っている。

トインビーが物心《ものごころ》ついて初めて知ったニュースは日清《にっしん》戦争だった。日露《にちろ》戦争や日中戦争など、多くの戦争を起こし、二発の原爆を落とされ、一度は滅《ほろ》んだ日本を、トインビーはこうした眼で見つめ続けていた。

「敗戦という〝挑戦〟に対して、最も虐げられ、苦しい思いをした民衆が堂々と〝応戦〟し、やがて国境を越える世界宗教を育てていく。これはまぎれもなく、池田先生と創価学会員が歩んできた道であり、これまでの創価学会の軌跡《きせき》そのものです。

トインビー博士が、敗戦後の日本で再生した創価学会に注目し、そのリーダーである池田先生と直接話したいと望んだのは、当然のことだったと思えます」（城川正敏）

焼け野原と化《か》した日本の街々で、「神々のラッシュアワー」と呼ばれるほど多くの宗教が生まれた。敗戦から五年が経《た》ち、十年が経つなかで、ひときわ活力を集める宗教があった。

〈この団体は日本で創設《そうせつ》され、日本の経験に応じて発展の勢いを得たが、同会の関心は全人類に及んでいる〉――池田のライフワークである小説『人間革命』の英語版第一巻（一九七二年）に、トインビーは長い序文を寄せた。四十五年前に書かれたこの序文で彼は、

〈創価学会はすでに
世界的な出来事なのである〉

と評している。

二年越しで続けられた二人の対話は、「国家主義の危険」、そして「人類の宿命転換《しゅくめいてんかん》」に及んでいく。

第5章 自分との闘《たたか》いが宗教の真髄《しんずい》——イギリス④

一九五六年（昭和三十一年）、「大阪の戦い」に臨《のぞ》み、関西に民衆仏法の基盤を築いた池田。同じころ、二度目の訪日を果たしたトインビーは、人々に生きる糧《かて》を与えゆくものとして、大乗仏教に注目した。さらに三度目の訪日では、創価学会について尋ねた。

人類の生存を脅《おびや》かす諸悪《しょあく》——「人間の貪欲《どんよく》」「戦争」「社会的不公正」「環境問題」。これらを乗り越えていく力は、一体、どこにあるのか。

やがて、めぐりあった二人の対話は、自己超克《ちょうこく》——揺れ動く人間の心をコントロールできる「新しい宗教」の可能性へと向かう。

下《くだ》りの「東海道新幹線」が名古屋駅を過ぎ、岐阜県に入った。

「〝セキガハラ（関ケ原）〟はまだですか？」。歴史家のアーノルド・ジョーゼフ・トインビーが、同行の日本人に尋《たず》ねた。徳川家康が天下の実権を握《にぎ》ることになる「関ケ原の戦い」（一六〇〇年）。新幹線は、まさにその古戦場《こせんじょう》にさしかかろうとしていた。

そばにいた人たちは驚いたが、トインビーに驚かされたのは初めてではなかった。名古屋を過ぎる前、静岡で、窓の外を眺《なが》めるトインビーに「これが浜名湖ですよ」と紹介した時には「ああ、これが浜名湖！　オイスター（牡蠣《かき》）とイール（鰻《うなぎ》）の養殖《ようしょく》はここですね」と返され、舌を巻いたばかりである（荒木俊馬の回想。『歴史の研究』第十九巻「月報」から）。日本の地理も、歴史も、この七十八歳のイギリス人の頭の中に収《おさ》められているかのようだ。

一九六七年（昭和四十二年）十一月。トインビーにとっては三度目の、そして最後の訪日になった。この年は、まだ池田大作と会うことはなかった。しかし、すでに創価学会を強く意識

3度目の訪日の際、和歌山のノリ養殖場を見学するトインビー夫妻（1967年12月）©毎日新聞社／アフロ

していた。

〈……（一九六七年に）私が今は亡《な》きトインビーと会った時、トインビーは創価学会について強い関心を表明していた。それは日本に会員一千万人と称《しょう》する一大宗教団体が生まれたことに対する驚きゆえであった。トインビーの言葉を借《か》りると、今のキリスト教にはとてもこんなエネルギーは残っていない、どうして仏教にはこのようなエネルギーが残っているのか、というのがトインビーの疑問であった〉（哲学者の梅原猛。『世界に拓く関西創価学会』から。聖教新聞関西支社刊）

＊

それから五年後、トインビーは池田の小説『人間革命』英語版の序文《じょぶん》に〈創価学会はすでに世界的な出来事なのである〉と書

いた。彼が創価学会を強く意識していた「昭和四十二年」――この年の池田と創価学会の動静《どうせい》を追うと、トインビーの評価が決して大げさではないことがわかる。

池田は北海道から鹿児島まで、国内の六十を超《こ》える都市を回ったが、さらにこの年はロサンゼルス、ニューヨーク、パリ、ローマ、チューリヒ、アムステルダムなど五カ国七都市を訪問。小さな懇談会も含めると、足を運んだ会合の数は数えきれない。

一月下旬――海外二十二カ国、十言語で相次《あいつ》いで教学試験が行われた。

三月――アフリカで初めての教学試験が行われ、ナイジェリアで二人が受験した。

七月――創価中学、創価高校の一期生の募集要項《ぼしゆうようこう》が発表された（二〇二〇年四月、東京キャンパスは五十三期生が、関西キャンパスは四十八期生が入学した）。

十月――国立競技場で創価学会の「東京文化祭」が行われた。四十五カ国の大使館関係者が出席し、報道陣は百数十社に及んだ。

十二月中旬――池田がバチカン市国の駐日《ちゆうにち》大使と初の会談（それから半世紀経《た》った二〇一五年、イタリアＳＧＩ〈創価学会インタナショナル〉はイタリア政府とインテーサ〈宗教協約〉を結んだ。また、二〇一七年にはバチカンで開かれた核廃絶《かくはいぜつ》を目指す国際会議にＳＧＩの訪問団が招聘《しようへい》され、参加している）。

十二月下旬――広東《カントン》語の勤行《ごんぎよう》の経本《きようぼん》が完成。十言語目の経本として使われ始める。

池田が戸田城聖《じょうせい》の後《あと》を継《つ》ぎ、第三代会長に就《つ》いてから七年。創価学会は具体的に、「国境」を超えて広がりつつあった。

日蓮《にちれん》は泣かねども涙ひまなし

　ちょうどこのころ、池田に同行取材を重ねたジャーナリストがいた。戦後日本の言論界の重鎮《じゅうちん》として知られる草柳大蔵《だいぞう》である。

　草柳が書いたルポは、それまでの〝創価学会は、日本人が外国人に折伏《しゃくぶく》している〟という古い思い込みを書き換《か》えるものになった。

〈パリ、ローマ、ロサンゼルス等々、主要都市の総支部のキャップはフランス人でありイタリア人でありアメリカ人である〉（「現代」一九六七年十一月号）――草柳は昭和四十二年の段階で〈外国人が外国人を折伏している〉事実を記した。

〈（創価学会に対して）各国からの訪問申し込みがひきもきらないことがわかった〉――池田に会いたいと望《のぞ》む海外からの声が多いことも、草柳の目を引いた。

　この時期、池田はアメリカやフランス、イスラエル、スウェーデンの駐日大使と相次《あいつ》いで会見している。

また、アメリカの大物ジャーナリストであるジョン・ガンサーや、フランス「ル・モンド」のロベール・ギラン、「フィガロ」「ロンドン・タイムズ」「ニューヨーク・タイムズ」「クリスチャン・サイエンス・モニター」など、池田を取材した海外のジャーナリストは、草柳が数えただけでも、じつに六十四人にのぼる。

こうした海外からの取材攻勢について、池田は草柳に「しかし、えらいですね。〈海外のジャーナリストは〉ほんとうに初歩的なところから固めてくる。知ったかぶりをしないんです」と語っている。

創価学会については〈ありきたりの〝ファシズム論〟〉にこだわっている日本の言論界よりも、外国人のほうが〈一足先に〉、〈日本の平和問題にキャスティング・ボートを握る集団〉として認め始めているのではないか――これが草柳の実感だった。

さらに〈イズベスチヤ紙（旧ソ連の政府機関紙）の幹部が来日したとき、通訳が「どこから観光したいか」ときいたところ、「観光ではなく創価学会というのを見たい」と答えた〉（同）という話も紹介している。創価学会は、資本主義や共産主義という「イデオロギー」や「政治体制」も超えて、関心を集め始めていた。

*

草柳大蔵が池田を取材した動機の一つは、〝なぜ、これほど多くの青年たちが信頼し、師《し》と

岩手・盛岡駅のホームで、評論家の草柳大蔵と語り合う池田（1994年8月）
©Seikyo Shimbun

して慕《した》うのか〟というものだった。

　取材中、ある会場の記念撮影で、一人の女子高校生が遅れてしまった。池田は泣きじゃくる彼女を励《はげ》ましたが、そのやりとりが草柳の目には素《そ》っ気《け》なく見えた。あとで尋《たず》ねると池田は、――私も泣けてならなかったが、あそこで私が泣いたら、まわりも泣いてしまい、創価学会は感情的な組織だと〝レッテル〟が貼《は》られてしまう。だから私は我慢《がまん》したんです。つらかったですよ――と答えた。

　そして「日蓮《にちれん》は泣かねども涙ひまなし、という言葉があるんです」とつけ加えた（単行本『民衆こそ王者』第四巻に詳述）。

　草柳は綴《つづ》っている。

〈創価学会の人事・組織・活動・未熟・未来を語るとき彼（池田）は、あきらかに〝捨て身〟の雰《ふん》囲《い》気《き》を漂《ただよ》わせる。私の理解するところでは、彼は「戸田先生からおあずかりした会員をお守りする」という意識をきわめて卒直《そっちょく》に出す。言葉にすることもあるし、限度をこえた努力で示すこともある。「身体をもっとかばわねば」といっても、「いや、いいんです」といってきかない〉（齋藤康一の写真集『写真　池田大作を追う』への寄稿「池田さんのこと」から）

検事たちの脅《おど》しに屈《くっ》しなかった誇り

トインビーが初めて日本を訪《おとず》れたのは、一九二九年（昭和四年）。「満州事変《まんしゅうじへん》」、そして「日中戦争」の地獄が始まろうとしていた（第四章で詳述）。

二度目の訪日は、日本が太平洋戦争に敗《やぶ》れて十一年後の秋だった（一九五六年）。

その折、トインビーと活発に語り合った一人にフランス文学者の桑原武夫がいる。〈……１９５６年、京都で学者たちとの会合がもたれたとき、トインビーが当時真新《まあたら》しかったテープレコーダーを廻《まわ》しつつ、長時間疲れを見せず意見交換をしたのは壮観《そうかん》であったが、そのさい彼がもっとも熱心に質問をくりかえしたのは大乗仏教《だいじょうぶっきょう》についてであった〉と回想《かいそう》している（『図説歴史の研究』訳者あとがき、学習研究社）。

復興《ふっこう》する日本を旅しながら、トインビーは〝新しい宗教〟に注目した。旅の印象を『東から西へ——世界一周旅行記』という本にまとめたが、日本の章は「日本における宗教の前途《ぜんと》」と名づけられている。

・日本には三つの伝統的な信仰（神道《しんとう》、仏教、儒教《じゅきょう》）があるが、どれも、日本人の心をつかむ力《ちから》を失ったように見える。

・この三つのうち、仏教こそ、神道や儒教が崩《くず》れて生まれた〝心の空白〟を埋《う》めることができるのではないか（「日本における宗教の前途」の趣旨。『トインビー著作集 7』一一三―一一六ページ、社会思想社）。

そしてトインビーは、キリスト教や新興《しんこう》宗教の可能性に触《ふ》れたうえで、日本の章をこう結んでいる。

〈……心の意識的な表面では、現在の苦痛《くつう》に満ちた模索《もさく》はまだまだ続くかも知れない。しかし、もっと下の方の潜在《せんざい》意識《いしき》のレベルでは、日本人はすでに生命のかてを見いだしつつあるのかも知れない〉（同一一七ページ）

＊

日本人の「生命の糧《かて》」は何か。どこにあるのか――トインビーがこのエッセーを書いたころ、池田は戸田城聖《じょうせい》のもとで激しい青春の日々を送っていた。夜行列車に乗って東京と大阪を何度も行《い》き来《き》している。ひと月で「一万一一一一世帯の弘教《ぐきょう》」を成《な》し遂《と》げることになる「大阪の戦い」（一九五六年）、そして池田自身が冤罪《えんざい》によって不当逮捕《ふとうたいほ》された「大阪事件」（一九五七年）のためだった（潮ワイド文庫『常勝関西の源流』に詳述）。

大阪・堺市の石田ヨシ子。池田が投獄《とうごく》される三カ月前、自宅で行われた座談会《ざだんかい》に池田が参加した。

〈「大阪事件」が起こった時、親戚《しんせき》の一人が訪ねてきて、「早く信心をやめないとあかんよ。あんたとこは大きな会合の拠点《きょてん》なんやから、今に参考人として呼び出されるよ」と脅《おど》されたこともある。信心を始めてまだ二、三年の頃であり、正直いって怖《こわ》かった。しかし、「何も悪いことしてへんのに、どうして悪人扱《あつか》いされなあかんのや」と、何とも言えない憤《いきどお》りを感じた〉

（石田ヨシ子の手記）

自宅での座談会が終わった後、〈玄関を出られるときのお姿が忘れられない。夜空を見上げて「月がきれいだね」と言われた〉。その悠々《ゆうゆう》とした池田の姿を思い出し、〈その後の裁判も、絶対に負けることはない、と確信できた〉。

今年（二〇一八年）八十五歳になる秋山洋子。当時、女子部員として大阪の守口市を中心に活躍した。池田からは〝守口さん〟の愛称で呼ばれた。「大阪事件」で過酷《かこく》な取り調べを受けた一人である。

〈守口警察と大阪検察庁《けんさつちょう》に二週間も続けて呼び出されました。私は銀行に勤《つと》めていましたが、朝九時に席に座ると、机の上の電話が鳴《な》るのです。大阪地検《ちけん》からです。「すぐ出頭《しゅっとう》しろ」と言われ、取調室では一人の小娘を五人の検事が取り囲みました〉

〈検事たちは「誰の命令でやっているのか、池田の命令だろう」と。どれだけ長い時間、怒鳴《どな》られても、若い検事に「馬鹿にするな」と怒られても、やっていないものはやっていないし、指示されていないものは指示されていません。地検を出ると、旧関西本部に行って題目《だいもく》をあげました。最後まで検事たちの脅《おど》しに屈《くつ》しなかったことが、私の誇りです〉（秋山洋子の手記から）

この大阪事件から三十年後――池田は秋山に「覚えているよ。今どうしている。富士銀行に勤めていた人だね」と伝言を託《たく》し、秋山と長女を東京の会合に招《まね》いた（一九八七年十月十一日、立川文化会館で行われた第二東京支部長会）。「あなたのことは生涯《しょうがい》忘れませんよ。お子さんを大切に育てられたのですね。ありがとう。ご主人によろしくお伝えください」と声をかけ、満場の参加者の前で自ら秋山に記念のメダルをかけた。

「慈悲《じひ》」は〝上から〟ではない　相手への尊敬が基本

「大阪事件」の裁判《さいばん》は四年半続いた。「検察に起訴《きそ》されたら九九・九パーセントは有罪」といわれる絶望的な戦いだったが、池田は無罪を勝ち取る。

公判《こうはん》に通いながら、池田はフル回転で動き続けた。兵庫県の尼崎に住み、地区部長だった寺井英治。尼崎の会合に向かう池田を、大阪の関西本部から車に乗せたことがある。ハンドルを握る寺井の耳に、後部座席の会話が入ってきた。

車に揺られながら、池田は「求羅《ぐら》」という伝説の生き物の話をした。求羅は、御書《ごしょ》（日蓮の遺文集《いぶんしゅう》）に何度も出てくる。「風を食べる」という。小さな虫なのだが、自分に向かって吹く風が大きければ大きいほど、自分も大きくなる。

〈大風《おおかぜ》吹《ふ》けば求羅は倍増《ばいぞう》するなり〉（四条金吾殿御返事《しじょうきんごどのごへんじ》、御書一一三六㌻）

二十二歳の秋、池田が日記に書き写した一節である（『池田大作全集』第三十六巻）。この「風」は、信仰者を襲《おそ》うさまざまな「難」を表す。日蓮は、求羅が風を受けて大きくなるのは「変毒為薬《へんどくいやく》」――「毒」を「薬」に変えるようなものだ、とも譬《たと》えた（道場神守護事《どうじょうしんしゅごのこと》、御書九七九㌻）。

「……あなたは何を食べて生きていますか？」。尼崎への車中、池田は隣《となり》に座った関西の幹部に尋《たず》ねた。緊張《きんちょう》していた彼は「私はごはんを食べて生きています」と答えた。

〈普段《ふだん》だったらおかしいはずだが、もし自分に聞かれたら、と気になって笑えなかった〉（寺井英治の手記）

「ああ、そうか。ごはんを食べて……それはその通りだな」。池田はそう言った後、「御書の中には、風を食べて生長《せいちょう》する求羅という虫もいる」「我々は『南無妙法蓮華経《なんみょうほうれんげきょう》』を食べて生きるんだよ」と話した。

真剣な祈りは、厳しい「試練《しれん》」を「宝」に変える——信心を始めてまだ二年目だった寺井は、病《やまい》の重い師を支え、創価学会の重責《じゅうせき》を担《にな》い、さらに冤罪《えんざい》の裁判まで抱えた池田の苦労を知っていたわけではなかった。ただ、「題目を唱える」ことを身近な「食べる」ことに譬えたこの池田の話に納得し、折《おり》に触れて周りに語った。

大阪・松原市の中島留男。信心を始めて三年足らずで、ある地区部長会に参加した。それは「大阪の戦い」の初陣《ういじん》だった（一九五六年一月五日）。

池田から「どれだけの祈りと、どれだけの行動ができるのか、お互《たが》いに大願を立てよう」と呼びかけられた時、中島は〈一瞬、何のことか分からず、少し戸惑《とまど》った〉と書き残している。

幸せになりたい。だから学会に入った。しかし、何をすればいいのか。池田は関西の人々に「仏法を人に語る意味」を一から伝えていった。「〝湿《しめ》っている木から火を出し、乾《かわ》きっている土から水を出す〟のが、この信心です」（呵責謗法滅罪抄《かしやくほうぼうめつざいしょう》、御書一一三二ページ）……その場で池田が教えてくれた御書の数々を聞くうちに、中島は〈目の前がパッと開けゆく思い〉がした。

のちに池田は、仏法で説く「慈悲《じひ》」について「上に立って見おろすようなものではない。タテではなくヨコです。水平です。平等の人間としての共感である。相手への尊敬が基本になっている」と語っている（普及版『法華経の智慧《ちえ》』〈上〉四四四ページ）。「お互いに大願を立てよう」——二十八歳の池田は、大阪の地で「ヨコ」の励ましを貫《つらぬ》いた。

無《む》名《めい》の庶民《しょみん》が成《な》し遂《と》げた大《だい》偉業《いぎょう》

「私は『大阪の戦い』から信心のすべてを学んだんです」。日本を訪れた時、こう語ったイギリスSGIの婦人部メンバーがいる。信心を始めて真っ先に先輩からもらったプレゼントが、池田の小説『人間革命』第十巻だった。「大阪の戦い」がくわしく描《えが》かれている。

イギリスSGIの女子部長を務め、今はイギリス総合青年部長のリサ・コーワンも、発心《ほっしん》したばかりのころ『人間革命』第十巻を読んだ。

時を超え、海を越えて共有される物語。その源流には、常に池田の姿があり、池田の残した言葉があった。

大阪・淀川区の尾木義男。池田に会ったのは中学二年の時だった。〈父に連れられて関西本部に行った。……様々な人が思い思いの身なりで参加していた。当時の社会の縮図《しゅくず》がそこにあった〉（尾木義男の手記）。

会合で一番前に座った尾木は、目と鼻の先で話す若い男性の気迫《きはく》に圧倒されたという。

「……この信心は絶対です。どんな社会的地位があっても、名誉《めいよ》があっても、御本尊《ごほんぞん》を拝《おが》む信仰者に比べたらかないません。もし信心していない人に『信心してください』と（へりくだった態度で）頭を下げて頼む人が一人でもいれば、その人の担当の幹部は責任を取って辞《や》めてもらってもいいほどです。いいですか？」

どんな身なりをしていようと、卑屈《ひくつ》になるな。この信仰に自信をもて。中学生にも、言わんとすることが痛いほど伝わった。〈……これが私の信仰の原点となった。数年後、あの時の青年が次の会長になられるとの話を聞いた時、〝やはり〟との思いとともに、とても懐《なつ》かしくなり、心からうれしく思った〉（同）。

トインビーから池田に贈られたトインビー夫妻の写真
©Seikyo Shimbun

＊

昭和三十年代の関西では、多くの人が池田から、「水のような信心でいこう」と教わったことを覚えている。燃えては消える「火の信心」ではなく、途絶《とだ》えることなく流れる「水の信心」を。草創期《そうそうき》の関西で、池田は訴え続けた。

東淀川区の奥野敏子。創価学会に入る前は〈人前でしゃべることさえできなかった。母子六人のどん底の生活。満足に学校へも行かずに働いた。リューマチが、それに追い打ちをかけた。自らの宿命を恨《うら》まずにはいられなかった。幸せになりたい一心で入信。十九歳の時である〉（奥野敏子の手記）。

何年か経って、関西本部で池田と会い、握手を交《か》わした。〈緊張のあまり、何をしゃべったのかも覚えていない。……それからしばらくして、はがきが届いた。「信心は水の流れの如《ごと》く淡々《たんたん》と。見事なる指揮《しき》を執《と》ってください」。力強い大きな字で書かれてあった〉。

奥野は〈それ以来、御書の一字一字をかみしめ〉ながら前に進んだ。ふと気がつけば、苦手だった座談会でも、堂々と司会ができるようになっている自分がいた。

枚方市の石田貞子。真夏の大阪駅のプラットホームで、地方折伏から東京に戻る戸田城聖と池田にあいさつした。二度目に池田と会ったのは「大阪の戦い」のまっただ中、地元の座談会だった。「〝清水〟のような信心だよ。きっと幸せになれる」。池田は石田を励まし、さらに、

〈水のごとくと申すは・いつも・たい（退）せず信ずるなり〉

と書いて贈った（上野殿御返事、御書一五四四ページ）。

大東市の西村吾一が池田と会ったのも座談会である。梅雨《つゆ》の季節だった。池田は「今日は何日ですか」と尋ね、六月五日だと確かめ、「牧口先生のお誕生日の前日だね」と言った。

牧口常三郎《つねさぶろう》――創価学会の初代会長である。太平洋戦争中に信仰を貫《つらぬ》き、治安維持法違反《ちあんいじほういはん》と不敬罪《ふけいざい》に問われ、七十三歳で獄死《ごくし》した。

池田は座談会場に用意された大きな紙に、

〈水の如く〉

と毛筆《もうひつ》を走らせた。そして参加した人たちに「ここでいう水は、普通のゆるやかな川の流れではありません」と言った。「怒濤《どとう》の如く流れて、岩をも乗り越えていく水のことです」。池田の言葉が、西村の脳裏《のうり》にいつまでも残った。

「……あの昭和三十一年（一九五六年）の大阪の戦いの当時、私はいつも周囲の同志に申し上げていた。『関西の人が世界中を、大手を振って胸を張り、肩で風を切って歩けるようになってもらいたい。それが私の願いです』と」（一九九一年の池田のスピーチ、『池田大作全集』第七十九巻）

お互いに目標を決める。〝仏法とは道理である〟ことを示し、自信をもたせる。納得できる譬えを選ぶ。そして、リーダーが自ら現場に飛び込む。――それは、聖職者《せいしょくしゃ》にお金を払って、何かを唱えてもらう宗教ではなかった。たまにどこかにお参《まい》りして満足するだけの宗教でもなかった。

「……（日蓮）大聖人《だいしょうにん》後の七百年、また仏法三千年の歴史で、だれ人もできなかった世界広《こう》宣流布《せんるふ》を現実にしたのは、わが創価学会である」

「この大《だい》偉業《いぎょう》をしたのは、有名人でもなければ、学者や博士でもない。いわんや坊主《ぼうず》がやったのでもない。すべて無名《むめい》の庶民《しょみん》がやったのである。なかんずく毎日毎日、けなげに戦ってこられた婦人部の信心の力《ちから》である」（一九九八年の池田のスピーチ、同第八十九巻）

自分で祈り、皆で祈る。人に頼らず、生き抜く力を湧《わ》き立たせる。生活と直《じか》につながった、「権威《けんい》」でもない、「気休め」でもない、新しい宗教が姿を現そうとしていた。

「人のため」に悩み続ける人が「菩薩《ぼさつ》」

トインビー　……私は、菩薩《ぼさつ》とキリストとの類似性《るいじせい》を見いだすのです。……キリストは、菩薩と同じく、自らを人生の苦悩《くのう》にさらし、その苦しみを味わったとされています。（『二十一世紀への対話［下］』聖教ワイド文庫、九十六ページ）

池田　たしかによく似ています。まったく共通するといってよいでしょう。（同九十七ページ）

トインビーは池田と出会う前から、大乗仏教のポイントが「菩薩」の生き方にあることを繰

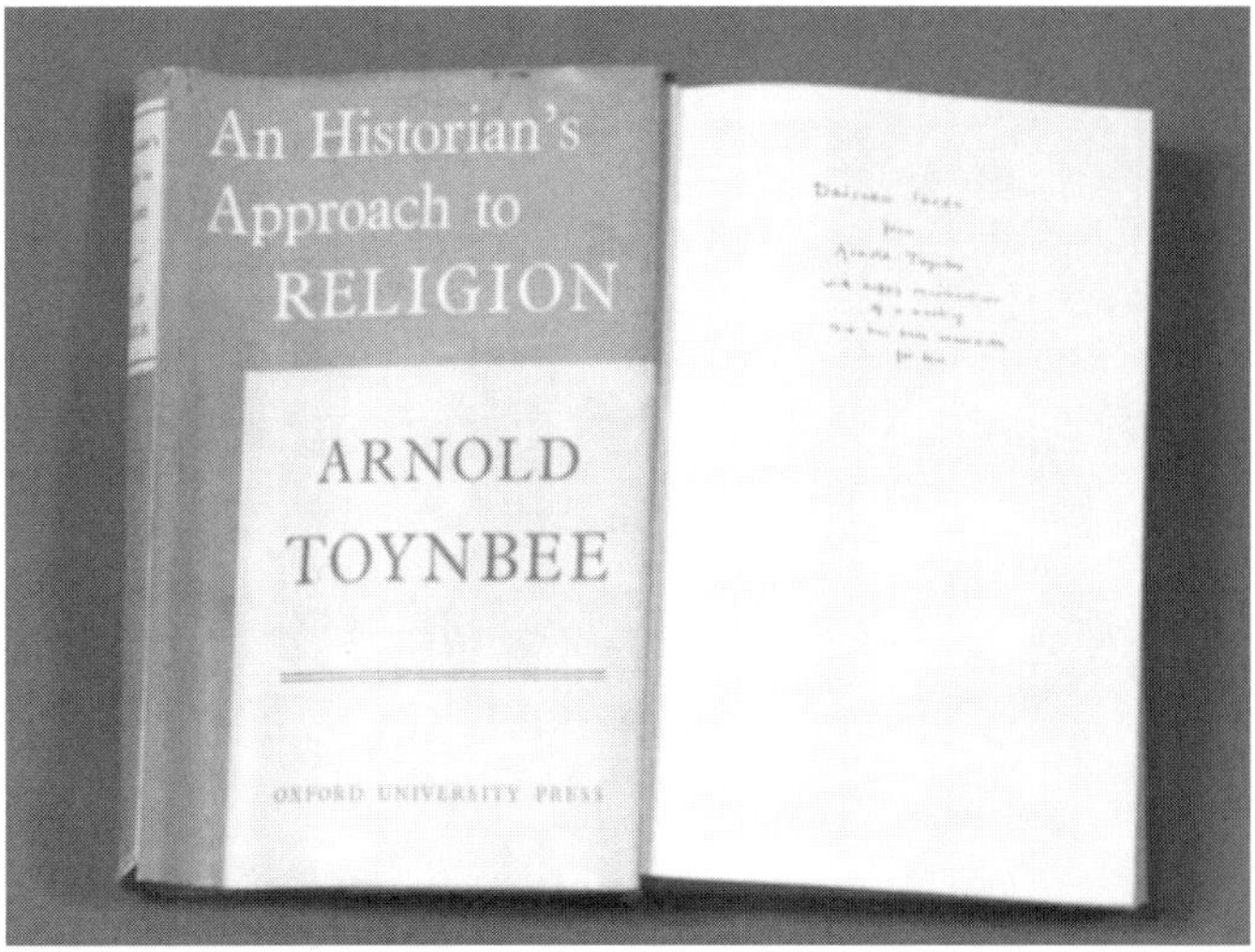

トインビーから池田に贈られたトインビーの自著『一歴史家の宗教観』。「心に残る出会いの幸福な思い出とともに、この書を贈る」との献辞（けんじ）が添えられている ©Seikyo Shimbun

り返し訴えていた。

〈単独で、じぶんひとりのために、涅槃《ねはん》に入るというだけでは不十分だということを、仏陀《ぶっだ》は身をもって説いた〉（『一歴史家の宗教観』、『トインビー著作集 4』一四四ページ、社会思想社）

そして、仏の弟子である菩薩もまた〈おなじ苦悩をともにする人間の足を導《みちび》いて〉生きていく〉（同）。

本物の悟《さと》りに触《ふ》れた人は、〈みずからこの現世《げんせ》にふみとどまって〉（同一二六ページ）、人のために自分の命を使おうとする。師匠の仏も、弟子の菩薩も〈この苦悩の多い世界にとどまるためにあえて安息《あんそく》の境地《きょうち》にはいろうとしないのである〉（「現代宗教の課題」、同五四三ページ）。

〝人のために悩む〟ほうが、〝我《が》〟を消し

て〈悩みから自分自身を解放するよりもすぐれた道である〉（「一歴史家の宗教観」、同四三三ページ）。そう信じて、現実に動く人こそ仏法者である――これが、トインビーにとっての大乗仏教だった。

彼は二度目の日本訪問で、この「大乗仏教」について尋《たず》ねた。六十七歳だった。

三度目の訪日では「創価学会」について尋ねた。七十八歳だった。

そして八十歳の春、池田にエアメールを送る。

＊

めぐりあったトインビーと池田は、〝新しい宗教〟について語り合った。「新しい宗教――世界宗教」が、そなえるべき条件は何か。池田が問うた。トインビーは「最重要の」ポイントとして、

「自己超克《ちょうこく》こそ宗教の真髄《しんずい》です」

と答えている（『二十一世紀への対話［中］』聖教ワイド文庫、二二六ページ）。

生まれては滅《ほろ》び、滅んでは生まれる文明の歴史を見極《みきわ》めてきたトインビーの眼には、〝現代人は原始人と変わらない〟ように見えた。

トインビー　……現代人は科学技術面では卓越《たくえつ》した能力をもちながら、自らを取り巻く環《かん》境《きょう》を支配できない点では、原始人と何ら変わりがないということです。／現代人が環境を

支配できないのは、自己を超克できずにいるからです。（同二二七ページ）

トインビーは池田に「欲望の歴史は生命の歴史と等しい」と語る（同二〇八ページ）。どうすれば「自己超克」――揺《ゆ》れ動く「自分の心をコントロール」できるのか。トインビーが半世紀以上かけて追い続けてきた、最大のテーマだった。〈自己中心性の牢獄《ろうごく》〉（『一歴史家の宗教観』）、〈自我中心の幻想《げんそう》〉（『歴史の研究』）、……さまざまな表現を試み、解決の道を探った。

二人の対談は七十七もの多彩《たさい》なテーマにまとめられたが、その多くが、このシンプルな問いかけ――自分自身との闘《たたか》い――に貫かれている。キーワードは「信」であり、「宗教」だった。はたして「西洋の危機も東洋の苦境《くきょう》もともに救いきれる宗教、現在から未来にかけての一切の問題に、人類が一体となって取り組むのに役立つ宗教」があるのだろうか。

池田は、それを「見いだすことこそ、現代に生きるわれわれの、最大の課題であると考えるのです」と訴える（『二十一世紀への対話［下］』一四六ページ）。

トインビー　……私は新しい種類の宗教が必要だと感ずるのです。……未来の宗教は、しかし、必ずしもまったく新しい宗教である必要はありません。それは古い宗教の一つが、新しく変形したものである場合も考えられます。（同一三四ページ）

〝未来の宗教〟。それは「人類の生存をいま深刻《しんこく》に脅《おびや》かしている諸悪《しょあく》」を乗り越える力を持たねばならない（同一三四―一三五ページ）。トインビーは、人類を滅ぼしかねない「最もおそるべき」三つの問題を挙げる。

・生命に宿《やど》る「貪欲《どんよく》」
・「戦争」と「社会的不《ふ》公正《こうせい》」
・「環境」問題

池田は「私の考えている点と一致します」と応《おう》じた。そしてこの三つの難題《なんだい》を、それぞれ仏法に説かれる「三世間《さんせけん》」（五陰《ごおん》世間、衆生《しゅじょう》世間、国土世間）にあてはめる。

「貪欲」は、人間の内面の問題（五陰世間）。

「戦争」と「社会的不公正」は、人間対人間――つまり社会の問題（衆生世間）。

そして最後の「環境」は、人間対自然の問題（国土世間）。

池田がこのことに触れて、対談は続いていく。

＊

「池田・トインビー対談のテープ起こしを手伝った時、私は池田先生が話される視点にとても興味を持ちました」とバーバラ・ケイヒルは語る。「なぜかというと、私はその時初めて、〝創価学会の外側〟で、〝学会員ではない人〟に対して、先生が仏法をどう表現されるのかを聞いたからです」。

イギリスSGIの副総合婦人部長を務めるバーバラ。「対談の当時はまだ、ロンドンの私たちが英語で読むことのできる御書は、機関誌《きかんし》に載《の》るわずかな部分だけでしたから」と笑顔で語る。

池田はトインビーとの対談で仏法用語を駆使《くし》した。学会員になじみ深い「十界論《じっかいろん》」や「依《え》正不二《しょうふに》」をはじめ（第三章で詳述）、「深層《しんそう》心理」をめぐっては「唯識論《ゆいしきろん》」を使い（前掲『二十一世紀への対話［上］』四十九ページ）、「死」をめぐっては「生死《しょうじ》不二」や「空《くう》」の思想を使った（同［下］三十三ページ、三十五ページ）。物事をどう見るか――「認識論」に話が及ぶと空《くう》・仮《け》・中《ちゅう》の「三《さん》諦《たい》」を論じた（同八十九ページ）。

他にもある。たとえば「色心《しきしん》不二」――「色」（科学でとらえられる肉体的、物質的な側面）と「心」（科学の分析《ぶんせき》ではとらえきれない精神など生命のさまざまな側面）は、区別して考えることはできるが、決して引き離すことはできない。

池田　その〝色《しき》〟と〝心《しん》〟とが一つになっている本源的《ほんげんてき》生命の本質の世界を指して〝一《いち》念《ねん》〟ともいっております。（同［上］四十三ページ）

たとえば「人間革命」――創価学会の活動、思想、歴史のすべてを象徴する言葉である。

池田　人間性を形成しているこの宿業《しゅくごう》――不幸を重ねていきがちなこの宿業というもの――をいかに転換するか――。これこそは、個人個人が人生において対決しなければならない問題です。それを私たちは人間革命と呼んでいます。（同［下］二〇五ページ）

たとえば「同苦《どうく》」――人を救おうとする仏法の「慈悲《じひ》」を、わかりやすく説くために池田は使っている。

池田　同苦が……たんなる慰《なぐさ》めに終わったり、諦《あきら》めへと引きずり込むものであったり、弱さをかこち合うものであってはなりません。……そこから相手の苦悩を除去《じょきょ》するための行動が起こされなければならないわけです。（同二二二ページ）

対話は「鏡《かがみ》」

「対談のテープ起こしをしながら、私は先生が言われたことがよく理解できました」。そう語るバーバラ・ケイヒルは、アメリカで生まれ育ち、一九六〇年（昭和三十五年）、イギリスのロ

ロンドン市内のホーランド公園をトインビーと散策する池田（1972年5月）。トインビーは２人の対談集発刊を強く望み、やがて『チューズ・ライフ（生への選択）』（邦題は『二十一世紀への対話』）として世に送り出された ©Seikyo Shimbun

ンドンを訪れた。パリで版画を学んでいた時、創価学会に入った。
「画家の長谷川彰一さん（欧州ＳＧＩ最高参与、単行本『民衆こそ王者』第十三巻で詳述）から山崎鋭一さん（同初代議長）を紹介され、彼の話に心を動かされました。生まれて初めて、『読む』だけでなく、『実践する』ものにめぐりあえたのです。六六年（同四十一年）にイギリスに戻り、日蓮仏法を実践するとても小さなグループに入りました」

二年越しの池田・トインビー対談では、夫のエディとともにスタッフとして参加した。「エディは今でいう『創価班《そうかはん》』としてさまざまな行事の運営に携《たずさ》わりました。私は対談のテープ起こしをするチームリーダーでした。ある日、私たちが作業している部屋のドアが開き、その日の対談を終えた先生が『ありがとう。がんばってください』と言われたのですが、あの声の響《ひび》きは今も覚えています」。

八一年（同五十六年）、フランスでヨーロッパＳＧＩの研修が行われる直前、バーバラは体調を崩《くず》し、入院してしまう。「驚いたのは、イギリスの私の入院先に、先生から直筆《じきひつ》の色紙が届いたことです。『かわらざる　清《きよ》き流れの　君なれば　諸天《しょてん》もたたえむ　われは忘れじ』と書かれてありました」。

日本の研修でも、忘れられない出会いがあった。ヨーロッパの中心者だった山崎鋭一が、バーバラを池田に紹介した。
「あの時、先生は私に対してとても深くお辞儀《じぎ》をされました。あまりに誠実に礼《れい》を尽《つ》くされた私は、どのように振《ふ》る舞《ま》ったらいいのかわかりませんでした。私は、私自身のことが信じられなくなるたびに、あの日の先生のお辞儀を思い出すのです。そして、何かにおいて成功した時にも同じように、あのお辞儀を思い起こすのです」

バーバラと夫のエディは、のちにイギリスの中心者になったリチャード・コーストンから

「ロンドン以外のメンバーのことを担当してほしい」と頼まれる。

「コーストンさんの頼みは『イギリス全土に散らばっている、たった一人で信仰に励んでいる人々に、何度も会いに行く』ということを意味していました。さまざまな地方で組織を一からつくる、という経験が、私たち夫婦にとって最も大きな宝物になりました」

「イギリスSGIは、最初はロンドンが中心でしたが、今ではロンドン以外のメンバーで半数を占《し》めるようになりました。もちろんやるべきことは、まだまだたくさんあります」

*

これまで池田が発刊してきた対談集は八十に及ぶ。なぜ言葉の壁を超え、宗教の違いも超えて、これほど対談に力を注《そそ》いできたのか。池田はその理由を記《しる》している。源流の一つはトインビーとの対話にあった（ルネ・ユイグとの対談「闇は暁を求めて」の序文、『池田大作全集』第五巻）。

池田は、仏法を開いた釈尊《しゃくそん》や、七〇〇年前の日蓮が歩んだ道をたどったうえで、〈もちろん、私はこれらの偉大な人びとに比べれば、とるにたりない平凡な人間である。私のできることは、真理を発見したり道を開くことではなく、これらの人びとによって灯《とも》された火を現代の人びと

にさし示すことである〉と綴り、こう続ける。

――どんな宗教であれ、創始者たちが初めて語った時には輝いていたことばも、時代が変われば古くなってしまう。

〈しかし、その言葉の中に秘《ひ》められた真理は、けっして古びたり衰《おとろ》えたりしてはいない。黄金《おうごん》は、どんなに埃《ほこり》をかぶっても、やはり黄金なのである。

ただ、それが黄金であることを人びとに納得させるためには、その表面をおおっている埃を取り除かなければならない〉

これまで仏法にこびりついてしまった固定観念《こていかんねん》の「埃」や、偏見《へんけん》の「埃」を吹き払おう。そのために原点に戻ろう。そして新しい言葉を。もっと新しい表現を――この思いが対談集を編《あ》み続ける原動力になってきた。

〈私が仏教の世界とは離れた西欧の知識人、思想家との対話を思い立ったのは、一つにはこの点について自分でも納得したいがためであった〉

そして池田は、トインビーとの対話が〈私の思考を全体的に検証《けんしょう》するためのなによりの鏡となった〉と振り返っている。

トインビーとの対話は「鏡」になり、「新しい宗教」の可能性を照《て》らした。そして二人は「宗教であることを隠《かく》した宗教」に光を当てて、その危険を炙《あぶ》り出していく。

「心の牢獄《ろうごく》」を叩《たた》き壊《こわ》す

トインビーとの対話を振り返るたびに、池田は「真の宗教のあり方」を問うてきた。

〈……（トインビーの）ライフワーク「歴史の研究」も、歴史を通しての「人間の研究」であり、「人間の研究」は必然的に人間と宇宙との関係性、すなわち「宗教の研究」へと向かわれたようだ〉

〈自然が真空《しんくう》を嫌《きら》うように、精神も無宗教《むしゅうきょう》ではいられない。たとえば近代社会は一見、非宗教的に見えるが、かつての宗教が占《し》めていた場所に、現世的《げんせてき》な三大宗教「科学信仰」「ナショナリズム（集団力《しゅうだんりょく》への崇拝《すうはい》）」「共産主義」が入り込んでいるのだと指摘された〉（池田のエッセー、『池田大作全集』第一二二巻）

この三つの〝宗教〟のうち、池田とトインビーはとくに「ナショナリズム」――国家主義の暴走《ぼうそう》をめぐり、多くのページを割《さ》いた。

トインビー　……国家は神として考えられたのです。

池田　人間にとって国家が有用《ゆうよう》であることは否定できませんが、不可欠《ふかけつ》なものではなく、まして尊厳《そんげん》なるものでもありません。

トインビー　……（現在の主権国家は）あらゆる類《たぐい》の残虐《ざんぎゃく》行為を許された、神聖な権利をもつ神として遇《ぐう》されています。（『二十一世紀への対話［中］』聖教ワイド文庫、四十三―四十五ページ）

「お国のためというやつが悪党《あくとう》の最後の逃《に》げ口上《こうじょう》だ」――トインビーが名著『一歴史家の宗教観』で引用した、詩人サミュエル・ジョンソンの言葉である（『トインビー著作集4』六十三ページ）。〈……自我《じが》が集団的な行動をとるときに、個人の責任において行動するときにはとうていそこまで落ちることのできないほどの深みにまで落ちてゆくことができる……〉（同）。

池田との対話にも、トインビーが国家主義（ナショナリズム）にどれほど強い危機感を持っていたかが表れている。

トインビー　……ナショナリズムは、地域社会における人間の集団力を信仰の対象とするものです。……ナショナリズムは、きわめて高い感染度《かんせんど》をもっていることがわかった……今《こん》日《にち》では、この狂信的《きょうしんてき》ナショナリズムが、人類全体のおそらく九割の人々がもつ宗教のうち、

おそらく九割を占《し》めるものとなっています。（『二十一世紀への対話［下］』聖教ワイド文庫、一三一―一三二ページ）

＊

〈核《かく》時代において国家主義は死を望むことであり、そして現在は国家主義が優勢《ゆうせい》である〉――これが、二度の世界大戦を体験したトインビーの確信だった（『現代が受けている挑戦』新潮選書、一三一ページ）。だからこそ「わが国の民族が一番優《すぐ》れていて、他の民族は劣《おと》っている」という身勝手《みがって》な歴史観を、トインビーは容赦《ようしゃ》なく批判した。

〈……トインビー博士は、自分の国だけにとらわれた歴史観を「歴史の牢獄《ろうごく》」と呼んでおられた。

今なお多くの日本人を縛《しば》る「心の中の植《しょく》民《みん》地《ち》主義・国家主義・民族差別」。それらは、いわば「心の牢獄」と言えまいか。

これを叩《たた》き壊《こわ》さなければ、永遠に日本人の人間解放もなければ、国際化もない〉（池田のエッセー、二〇〇一年八月十九日付「聖教新聞」）

人間は「集団」になると歯止《はど》めがきかなくなる。一人ではとてもできないような残酷《ざんこく》な行為にも手を染《そ》めてしまう。トインビーは西洋の失敗に学び、日本の誤《あやま》りをひもとき、この歴史の教訓を何度も書き、語った。

どうすれば人間はこの「心の牢獄」を抜け出せるのか。池田はトインビー亡き後も国家主義の危険を指摘し続けてきた。高校生に向けた「青春対話」では、こう語っている。

「……国家主義というのは、一種の『宗教』なのです。ちょっとむずかしいかもしれないが。

『国』というものが最高に尊厳《そんげん》であって、国のためなら民衆の命を犠牲《ぎせい》にしてもかまわない——『国』を〝神様〟にした宗教が『国家主義』です。

このことは、トインビー博士も言われていた。近代の国家主義は、信じるものがなくなった〝心の空白〟に、古代の『集団力《しゅうだんりょく》への崇拝《すうはい》』が復活してきたものだ、と。

しかし、絶対に国家主義は誤《あやま》れる宗教です。『国のために人間がいる』のではない。『人間のために、人間が国をつくった』のです。これを逆《さか》さまにした〝転倒《てんとう》の宗教〟が国家信仰です。

牧口先生、戸田先生は、『国家』の上に『人間の道』を置いていた。国は大事かもしれないが、人類共通の『人道《じんどう》』はもっと大事だ。日本も大切だが、『人類全体』はもっと大切なんだ、と」（普及版『青春対話2』二七七―二七八ページ、聖教新聞社）

本当の「勇者」は誰か

その池田とトインビーの意見が真《ま》っ向《こう》から食い違った、数少ないテーマがある。『二十一世紀への対話』のなかでトインビーは、ユダヤ教やキリスト教などの「一神教《いっしんきょう》」を厳しく批判するいっぽう、自然を尊《とうと》ぶ「神道《しんとう》」を評価する。

池田は反論した。

ただ一点について、私は異《こと》なる意見をもっています。それは日本の神道に対する評価についてです。（『二十一世紀への対話［下］』聖教ワイド文庫、一四七ページ）

……神国《しんこく》思想は、周知《しゅうち》のように、きわめて独善的《どくぜんてき》なものです。……（神道の）自然に対する融和性《ゆうわせい》はその一面にすぎず、その裏面《りめん》に、他民族《たみんぞく》に対する閉鎖性《へいさせい》や排他性《はいたせい》をもっているわけです。（同一四八ページ）

また「周知の通り、ナショナリズムと最も明白な形で結びついたのが神道でした。……敗戦によって、神道の象徴的意味と、そのナショナリズムとの結託《けったく》は破綻《はたん》しましたが、まったく消えてしまったわけではありません」とも語った（同一二八ページ）。

かつて神道は「国家という宗教」に悪用された。多くの国民が熱狂《ねっきょう》し、日本は多くの戦争になだれ込んだ。

池田　……（〝神国日本〟を掲げた）国家主義のもとに、どれほど多くの青年たちの純粋《じゅんすい》な愛国心《あいこくしん》が歪《ゆが》められ、利用され、踏《ふ》みにじられてきたことか――。（同［中］七十ページ）

トインビーは池田との対話を経《へ》て、国家に利用されやすい神道の「はなはだしい弱点」を認めている（同［下］一四九㌻）。

＊

　二人の対話は〝その場限り〟のものではなかった。後年、池田は創価学園で「集団主義の熱《ねつ》狂《きょう》」をテーマに語ったことがある（一九九〇年七月十七日、第二十三回「栄光祭」）。中高生を前に、絶対に「集団主義」に陥《おちい》ってはならないと力説した。なぜ池田が創価学園をつくったのか、その理由の一端《いったん》が示されたスピーチである。

「きょう七月十七日は、私の出獄《しゅつごく》の記念日である」――池田は「大阪事件」に触れたうえで、

「先生（戸田城聖）は、権力によって獄死《ごくし》させられた牧口先生の正義を証明するために、一人立たれた。そして私は、戸田先生の正義を証明するために一人立った」と語り、〝国家主義との闘《たたか》い〟は牧口、戸田、池田の三人の共通項であることを訴えた。そして、

「――大海の深き淵《ふち》は見えない。青空の遠き奥も見えない。大いなる勇気も、浅き世間の目には、見えない。それどころか、しばしば、臆病《おくびょう》にさえ見える場合がある」と語り、戯曲《ぎきょく》「カレーの市民」の主人公サンピエールの生き方を通し、〝本当の勇気ある者は誰か〟を問うていく。

「……私は思う。人々をけしかけて、無謀《むぼう》な玉砕《ぎょくさい》へと赴《おもむ》かせるような人間が〝勇者〟なのか。

彫刻家オーギュスト・ロダンの名作「カレーの市民」の群像（1888年に完成）。フランスのカレー市庁舎に立つ同像は、14世紀中頃からの「百年戦争」で、港町のカレーがイギリス軍によって1年にわたって包囲された史実をもとに制作された ©Photononstop

みずからの命を捨てて、人々を守り、祖国《そこく》を守る者が〝勇者〟なのか」

「……戦いがつねに、華々《はなばな》しいものとはかぎらない。むしろ地味《じみ》な、孤独《こどく》な『自分との戦い』が、その九十九パーセントを占める。それが現実である。

　ある場合は、人まえで格好《かっこう》よく旗を振ることも大事であろう。しかし、それ以上に、他の人を守るために、あらゆる犠牲《ぎせい》を『忍耐《にんたい》』して、一人、前へ進む人のほうが偉大である。真の勇者は、時に、格好悪く、地味そのものなのである」

「卑《いや》しい人間にだけはなってほしくない。浅はかな人生を生きてほしくはない。他人はどうあれ、自分は自分の信念として、偉大な自分自身の人生を創《つく》っていっていただきたい。

　集団主義の熱狂と、無責任。権威へのより

かかり。無定見《むていけん》に『あおる』人間に、だまされ、のせられやすい風土《ふうど》が日本にはある。
そうした精神土壌《どじょう》とは、まったく異《こと》なる新しい人材を私は育てたい。世界的な人物を、『本物の人間』を、この学園で育てたいのである」（『池田大作全集』第五十七巻）

池田はトインビーに、「全体主義」や「独裁《どくさい》」を防ぐためには「大衆の教育、倫理《りんり》レベルの向上以外にないと思います」と語った（前掲『二十一世紀への対話［中］』一四八ページ）。そして、この言葉どおりの行動を続けてきた。

トインビーという「鏡」は池田の信条を浮《う》き彫《ぼ》りにした。池田が掲げる「宿命転換《しゆくめいてんかん》の仏法」は、その鏡にどう映し出されたのか。さらに追う。

第6章

「宿命」を「使命」に変える道——イギリス⑤

二年越しの対話は山場にさしかかっていた。トインビーは池田に尋ねる。

「仏法の宿業論には、自由の原理も含まれていると考えられるでしょうか」。トインビーが確かめたかったことは、仏法で説かれる業《ごう》〈カルマ〉の考え方だった。

「非常に深い意味をもったお話です。私がつねづね考えていることも、博士のおっしゃったそのことなのです」。深くうなずく池田。

人間は宿命転換できる——池田はそう信じ、行動してきた。「それを私たちは人間革命と呼んでいます」。池田の答えに、トインビーの眼が光った。

「ロンドン滞在《たいざい》のご気分はいかがですか?」。八十四歳のアーノルド・ジョーゼフ・トインビーが、四十五歳の池田大作に尋《たず》ねた。一九七三年（昭和四十八年）五月十七日――ロンドンに来て四日目の池田は、「空気がきれいです」と答えた。六一年（同三十六年）、七二年（同四十七年）に続き、池田にとっては三度目のロンドンである。スモッグに覆《おお》われた街、というイメージは、さまざまな対策のおかげで少しずつ変わり始めていた。

トインビーは自分の二十代――第一次世界大戦《せかいたいせん》の時代を思い返し、「暗《くら》い霧《きり》におおわれて、歩こうにも先が見えなかったのですよ」と穏《おだ》やかに語った。

二人は、トラファルガー広場にほど近い「アセニアム・クラブ」の別館で語り合っている。それぞれの妻であるヴェロニカと香峯子《かねこ》、通訳の山崎鋭一たちも席を囲《かこ》んだ。

イギリス屈指《くっし》の伝統を誇《ほこ》る会員制クラブである。科学者のチャールズ・ダーウィン、作家のチャールズ・ディケンズ、名探偵《めいたんてい》「シャーロック・ホームズ」を生んだコナン・ドイルなどが

池田の妻・香峯子とトインビーの妻ヴェロニカも対談を支えた（1972年5月、ロンドン）©Seikyo Shimbun

会員に名を連《つら》ねる。トインビーはこのアセニアム・クラブの一員だった。

これまでトインビーと池田が続けてきた、二年越しの対話が山場にさしかかっている。前年に話し合った四日間を合わせ、この日で七日目。対話に割《さ》けるのは、あと二日だった。「資本論とマルクス」「キリスト教の歴史観」……ランチの最中も話題が尽《つ》きない。

産声《うぶごえ》をあげたばかりの「創価大学」の未来について二人が語り合ったのも、このアセニアム・クラブの別館だった。食卓《しょくたく》の真ん中で、銀製のフクロウが二人の話を聞いていた。

「気どらない、庶民の言葉」で心に「栄養」を贈れ

二人が若いころから親《した》しんできたゲーテの

『ファウスト』、ダンテの『神曲《しんきょく》』にも話が及《およ》んだ。トインビーは、学生時代に『ファウスト』を読み、シェイクスピアよりも深く心を動かされたこと、そして『神曲』は旅する時にいつも持ち歩いてきた〝旅の書〟であることを話した。

〈……談《だん》たまたま「好きな作家は誰ですか」と私がうかがったところ、（トインビー）博士は真っ先にダンテを挙《あ》げられた。「ダンテは二つの点で、とても不運な人間でした。一つは愛する人と別れねばならなかった。一つは愛する故郷フィレンツェを不当な理由で追放《ついほう》された。しかしダンテがもしこの二重苦《にじゅうく》を味《あじ》わわなかったとしたら、あの『神曲』は決して生まれなかったでしょう。

ダンテは、偉大な芸術を生みだすことによって、みずからの私的な不幸を世界の多くの人びとの僥倖《ぎょうこう》（思いがけない幸福）へと転換《てんかん》しました。だから私は、ダンテの人格を敬愛《けいあい》してやまないのです」〉（池田のエッセー、『池田大作全集』第二十三巻）

＊

池田は、トインビーと交《か》わしたダンテ論をたびたび全国の会合で紹介《しょうかい》している。ダンテは「気どらない、わかりやすい庶民の言葉」で『神曲』を書いた。

――トインビー博士も、私との対談のなかで、次のように語っておられた。「ダンテがラテン語でなく、イタリア語で『神曲』を書いたことは、その後のすべての西洋文学にとって、計《はか》り知れない重要性をもつことになりました。『神曲』以後は、他の国の人々も、ラテン語で書くことをやめ、それぞれの地で実際に使われている言葉で書くようになりました」。

これはある意味で、ダンテによる〝言葉の革命〟だった。文学や学問を、庶民の世界に広々とわかりやすく開いていく――日蓮大聖人《にちれんだいしょうにん》も、庶民の門下には、漢字ではなく、当時の知識人や上流社会で軽蔑《けいべつ》されていた〝かな文字〟をまじえてお手紙を送られていることを、今、ありがたく思い起こす。

庶民に、どうわかりやすく「精神の糧《かて》」を贈《おく》るか。人々が〝十分に満足した〟〝とても滋養《じよう》になった〟と喜ばれるものを与えることができるか。ここに指導者としてのキーポイントがある。地味《じみ》なようにみえるが、民衆の「精神の自立」「魂の自由」のために、大いなる革命になっている――（同第七十三巻から要約）

気どらず、わかりやすく――池田の配慮《はいりょ》は日本語だけにとどまらない。山口弘務は長年、SGI（創価学会インタナショナル）の国際出版に携《たずさ》わってきた。海外での出版に臨《のぞ》み、池田のどの著作、どの対談集についても、変わらない一つの指針があった。「昭和四十八年のアセニアム・クラブ別館での会食の際、トインビー博士が『翻訳《ほんやく》というものは〝ふつうの人々〟にわかるようなものでなければならない』と言っておられたことを先輩から教わりました」と語る。

「なによりも池田先生ご自身が、トインビー博士との対談について『イギリスで高校を卒業した人が読めば理解できる英語』で世に出したいと望んでおられました」

トインビーもまた、池田と似《に》た視点から「庶民の視点」が大事だと語り残している。トインビーにとって、イギリスの書店に並ぶ歴史の本の多くは「ただ戦争と政治家の物語にすぎなかった」が、「社会史」――国家の歴史ではなく「民衆の日常」を重んじる歴史――の本が増え始めていた。トインビーはこの傾向を高く評価した。

「（これからは）一般庶民や普通の人物を歴史の中心におき、彼の存在を正しく評価し、個々の偉人《いじん》や英雄《えいゆう》を軽く扱《あつか》おうというのだ」

「過去においては、文明というものは、少数特権階級《しょうすうとっけんかいきゅう》のためのものだったのだ。実に遺憾千《いかんせん》万《ばん》だったね。私たちはこれを変えつつあるのだ。これは現代における大へんよい機運《きうん》なのだ」

「一般庶民の方が、国王や皇帝《こうてい》などのような例外的人物よりおもしろいのだ」（『現代人の疑問』九十五㌻、毎日新聞社）

＊

アセニアム・クラブでは、お互いの祖父《そふ》の話にもなった。トインビーは三代続く〝ロンドンっ子〟である。そのことに触《ふ》れながら「歴史を研究すれば、時代というものは、〝右〟に行けば次は〝左〟へ行く。〝左〟へ行けば〝右〟へ行くといった繰《く》り返しがあることがわかります」「おじいさんがやったことに、お父さんは反対し、孫《まご》は賛成するものです。時代の推移《すいい》も、こういったものです」と笑顔で話した。ランチの後、トインビーは妻たちを別館に残し、当時、男性しか入れなかった本館に池田を招《まね》き入れている。

「……対談も終わりに近づいたある日、（トインビー）博士は、著名《ちょめい》な紳士《しんし》しか入れない会員制のクラブに、私を招待《しょうたい》してくださった。
ゆったりとしたソファに座り、コーヒーをすすりながら、博士は、何か盛《さか》んに私に話しかけてくれるのだが、二人きりで、通訳はいない。私は、『イエス、イエス』とうなずくばかり。最高の名誉《めいよ》ある場所に連れてきていただいたはずだったのだが（笑い）。
もっと英語を勉強しておくべきだったと、後悔《こうかい》しても遅《おそ》い。それでも、身振《みぶ》り手振りで、心は通じ合った」（二〇〇五年の池田のスピーチ、普及版『池田大作全集「スピーチ」二〇〇五年〔4〕』）
この日、二人は人間の「自由」について論《ろん》じ合っている。前日から続く、大きなテーマだった。

宿命とは 自由とは

われわれ現代人は、……宿命転換《しゅくめいてんかん》を、はたして成《な》し遂《と》げられるでしょうか。（『二十一世紀への対話〔上〕』聖教ワイド文庫、三二五㌻）
これは、トインビーが池田に尋ねた問《と》いである。人は「宿命」に縛《しば》られているのか。「自由」なのか。トインビーはこの問いかけを、人生の最期《さいご》まで抱《いだ》き続けた。
きっかけは核兵器《かくへいき》だった。

「原子兵器は、私の価値の観念《かんねん》を変えてしまったようだ」（『現代人の疑問』一五七ページ）。「いまの子供たちが、こういう恐《おそ》ろしいものにさらされていることを考えると、私たちは兇悪《きょうあく》な類《るい》人猿《じんえん》のようなものだよ。いろいろ発明などして利巧《りこう》そうだが、あきれたものだよ」（同一八八ページ）。私たちは、「無謀《むぼう》にも、時期尚早《じきしょうそう》にして、原子力時代に突入してしまった」（『二十一世紀への対話〔下〕』一六三ページ）――トインビーの文明論は、ここに根っこがある。池田との対話でも、何度もこの危機感《ききかん》を口《くち》にした。

対する池田も、大量の核兵器がある限り「人間は決してその高度の発達を誇ることはできない」（同〔中〕一〇七ページ）、「広島や長崎の市民の頭上に炸裂《さくれつ》して、幾《いく》十万人の人命を一瞬にして奪《うば》った原爆を〝進歩〟と喜ぶことは、到底《とうてい》できないはずです」と語っている（同〔下〕二〇〇ページ）。

技術が進みすぎてしまった。はたして人間にどんな影響をもたらすのか。それは、「その力《ちから》を用《もち》いる人々の倫理的水準《りんりてきすいじゅん》によって決まる」とトインビーは考えた（同二〇三ページ）。

では、その水準を決めるものは、いったい何なのか？　トインビーは仏法で説かれる、

業《ごう》（カルマ）

という考えを柔軟《じゅうなん》に取り入れた。そしてこの「業」を、「われわれの行為《こうい》が生み出す、倫理《りんり》

イギリスのヨーク大学でＳＧＩとＩＣＡＮ（核兵器廃絶国際キャンペーン）が共同制作した「核兵器なき世界への連帯」展を観賞する人々（2017年9月）
©Seikyo Shimbun

上《じょう》の一種の銀行口座《ぎんこうこうざ》のようなもの」に譬《たと》える（同一八四ページ）。

池田をアセニアム・クラブに招《まね》く前日、トインビーは池田に「私の理解が正しいかどうか、お聞きしたい」、仏法の宿業《しゅくごう》論には「自由の原理も含《ふく》まれていると考えられるでしょうか」と率直《そっちょく》に尋ねた（一九七三年五月十八日付「聖教新聞」）。

これは、彼が築き上げてきた歴史観そのものに直結する問いだった。

*

「挑戦《ちょうせん》と応戦《おうせん》」――トインビーの歴史観を象徴《しょうちょう》するキーワードである。トインビーは、この「応戦」という一言に、人間は「自由」なのだ、という信条《しんじょう》を込《こ》めた。

それ（応戦）は、現在の挑戦を乗り越え

るだけでなく、新しい挑戦を生み出し、こうして生き続けてゆくような形で挑戦を乗り越える応戦である。（『歴史の研究』第二十二巻、四八一ページ、「歴史の研究」刊行会）

挑戦・応戦は、人間の生活に於《お》ける一つの型《かた》である。それは必然《ひつぜん》ではなく自由の感じを持つ型である。（同四八三ページ）

トインビーにとって「挑戦と応戦」は、単なる「原因」と「結果」ではない。〈一つの挑戦の結果がどのようなものになるかということを前もって言うことは絶対にできない〉（同四八一ページ）。

見事《みごと》に応戦する人もいれば、失敗してしまう人もいる。そうした数千年の人類史そのものが、〈自由が現実的なものであることをはっきりさせ〉てくれる（同四八四ページ）。

逆に、この考えを否定するような決定論は、〈自由の否定に道を開く〉（同四七七ページ）。池田が掲《かか》げる日蓮仏法は、どちらなのか。トインビーは、この一点を問うた。

＊

ロンドンで池田がトインビーと語り合った「宿命転換」の思想。その輪郭《りんかく》が、くっきりと浮かび上がる証言がある。

日蓮は「撰時抄《せんじしょう》」という書の中に、

〈前代未聞《ぜんだいみもん》の大闘諍《だいとうじょう》・一閻浮提《いちえんぶだい》に起《おこ》るべし〉

と書き残した（御書二五九ページ）。〝誰も見たことのない大戦争が世界を舞台に起こる〟――その戦《いくさ》は、国をあげて誤《あやま》った思想に陥《おちい》り、指導者たちが暴走《ぼうそう》した時に起こる、と日蓮は訴えた。

そんな戦争が、いったいいつ起きるのだろうか。池田は第三代会長に就任した四年後、「撰時抄」の講義《こうぎ》に取り組んだ（一九六四年）。三十六歳だった。この〝大闘諍〟の一節について、教学部の幹部にも意見を聞いた。トインビーと対話する八年ほど前のことである。

斉藤　……そこにいた教学部の幹部の方は、この御文《ごもん》を〝第三次世界大戦が起こる〟という意味ではないかと解釈《かいしゃく》されたそうです。事実、当時は、東西冷戦《れいせん》、核軍拡競争《かくぐんかくきょうそう》の渦中《かちゅう》であり、そういう懸念《けねん》の声は高かった。しかし、池田先生は、厳然《げんぜん》と言われた。

「もし本当に第三次世界大戦が起これば、原水爆《げんすいばく》等によって、人類は滅亡《めつぼう》してしまう。かつての大戦以上の悲惨《ひさん》と苦悩《くのう》を、人類は、また味わわなければならないのか。それでは仏法者として、あまりに無慈悲《むじひ》ではないか。

われわれは、第二次世界大戦をもって、『前代未聞の大闘諍』と決定しよう。どんなことがあっても、第三次世界大戦は起こさせない。そのことを御本尊《ごほんぞん》に強く願い、死身弘法《ししんぐほう》を誓《ちか》おうではないか。広宣流布《こうせんるふ》という世界の恒久《こうきゅう》平和、人類の幸福を、必ず達成しようではないか」と。（普及版『法華経の智慧』〈上〉一八一―一八二ページ）

「これからさらに大きな惨事《さんじ》が起きるにちがいない」という運命論《うんめいろん》や決定論《けっていろん》を、池田は厳しく否定したのである。

人生は変えられる

池田・トインビー対談は、冒頭《ぼうとう》に長い「序文《じょぶん》」がある。対話を終えた二人が、どこまで〈共通の立場〉に立っているのかを確かめ、そのポイントを記した。

「宿業」を〝銀行口座〟に譬えるトインビーの工夫は、この序文でも繰り返されている。

二人の共著者《きょうちょしゃ》は、さらにカルマ（宿業）の実在《じつざい》を信ずる点でも同じ立場に立っている。カルマとは、字義通《じぎどお》りには〝行為《こうい》〟を意味するサンスクリットであるが、仏教用語では倫理《りんり》上《じょう》の〝銀行口座〟のようなもの、といった特殊《とくしゅ》な意味を帯《お》びてくる。（『二十一世紀への対話〔上〕』、八㌻）

トインビーは「宿業」について、できるかぎりわかりやすく語ろうと知恵《ちえ》を絞《しぼ》った。

この口座の差引残高《さしひきざんだか》は――ある時点では黒字であったり、赤字であったりしながら――貸《か》し方《かた》・借《か》り方の欄《らん》に新たな記帳《きちょう》がなされるたびごとに、絶《た》えず変化しています。（同「下」一八四ページ）

そして「個人」の世界を超えて、人間の「社会」や「制度」にもこの宿業が働いている、と訴えた。池田は「私も全面的に賛同《さんどう》します」と答える（同一九一ページ）。

さらにトインビーは、祖国イギリスの歴史を六〇〇〇年ほど昔までさかのぼり、三つの実例を挙《あ》げる（フランスとの百年戦争や、十七世紀の内戦など。同一八九―一九〇ページ）。

池田もまた「第二次

トインビーの自宅があるオークウッド・コートからホーランド公園へ散策に向かう（1972年5月、ロンドン）
©Seikyo Shimbun

世界大戦時における日本は、まさしくこの宿業のもつ重みを無視し、その暴走《ぼうそう》を許《ゆる》し、清算《せいさん》のために多大の犠牲《ぎせい》を強《し》いられた、明らかな例であるといえましょう」と応じた（同一九一―一九二ページ）。

トインビー　……このことは、われわれが、人間は生死の連続を繰り返すと信じようが、あるいはまた、この現象世界でのたった一度だけの人生しかないと信じようが、それにはかかわりのない事実です。この〝カルマのバランス・シート〟にあっては……借り方にせよ貸し方にせよ、新たに記帳されるたびに、残高《ざんだか》が常に変動《へんどう》しているのです。（同二〇四ページ）

何が人間に幸福をもたらし、不幸をもたらすのか。トインビーは、その「要因《よういん》は、じつは科学や技術の進歩ではなく、このカルマなのです」（同）と強調した。

池田は語った。

非常に深い意味をもったお話です。私がつねづね考えていることも、博士のおっしゃったそのことなのです。そこで、人間性を形成しているこの宿業――不幸を重ねていきがちなこの宿業というもの――をいかに転換するか――。これこそは、個人個人が人生において対決しなければならない問題です。それを私たちは人間革命《にんげんかくめい》と呼んでいます。（同二〇四―二〇五

ページ）

池田との対話を通して、トインビーは一つの結論を出している。

私は、生命の法則とは、宿業（カルマ）のことであると思っています。行動は必ず結果を生み出しますが、その結果からは誰も逃《のが》れることはできません。しかし、その結果は、変えられないというものではありません。次に起こす行動によって、良くも悪くも変えることができるわけです。（同一〇三―一〇四ページ）

また「すべての人間は自分の宿命によって自由を制限《せいげん》されています。しかし、われわれには、自分の行動によっていますぐにでも自分の宿命を向上させるという自由もあります」とも語っている（同［上］一一七―一一八ページ）。

人間には宿命がある。それは変えられる――ここに、トインビーは「自由」を見いだした。

＊

彼がこの考えを重んじたのは、池田との対談だけではない。

池田との対話を終えて一年ほど経《た》ち、トインビーは脳出血《のうしゅっけつ》で倒《たお》れ、ドクターストップで原稿を書けなくなる。その直前、出版社に渡しておいた原稿があった。トインビーがこの世を去った後、出版された（『人類と母なる大地』社会思想社）。

その生涯最後の本の、最後の頁《ページ》に、遺言《ゆいごん》のように綴《つづ》られていたのも、あの譬え話だった。

――人間は善か悪を選ぶ。何を選んだかは〈道徳的《どうとくてき》な貸借勘定《たいしゃくかんじょう》に記入される〉。人類は、母なる大地を殺すのだろうか、救《すく》うのだろうか。殺すこともできるし、救うこともできる。これが、今、人類が直面している謎《なぞ》に満ちた問いなのである――（『トインビー著作集』補2、四三七㌻の趣旨、社会思想社）

「宿業」という言葉は、「〝過去〟の宿業で〝今〟をしばりつけ、あきらめさせる」ため、「差別を正当化《せいとうか》する」ために悪用《あくよう》されてきた。

池田は、本来の仏法はそうではなく「〝今〟を変える」ため、そして「〝未来〟を変える」ためにあるのだと語り続けてきた。

「……この現在という瞬間にも、自由意思《じゆういし》を働かせて新たな業《ごう》をつくり、未来を切り開いているわけです」（C・ウィックラマシンゲとの対談集『「宇宙」と「人間」のロマンを語る』、『池田大作全集』第一〇三巻に収録）

トインビーは、この「わが人生は、わが行動で変えられる」という仏法の真髄《しんずい》に触《ふ》れ、池田の思想に共鳴《きょうめい》したのである。

「異《こと》なる民族や文明が出会う国に生まれたかった」

御書《ごしょ》（日蓮の遺文集《いぶんしゅう》）などの英訳に携《たずさ》わってきた松田友宏は、一九七三年のイギリス訪問に同行したスタッフの一人である。

「私は、お二人の一日の対談が終わった後、イギリス女子部の方がテープから書き起こされた英語を、翌朝までに日本語に翻訳《ほんやく》する担当でした。毎日が時間との戦いでしたが、翻訳しながら感じたことは、トインビー博士は、キリスト教では解決できない問題の答えを、仏法に求めたのではないか、ということです。たとえば人間の『宿命』については、神の意志《いし》よりも、『業』のほうが、合理的な説明だと考えたのかもしれません」

二人の対談から三十年後、松田にとって忘れられない出来事があった。二〇〇三年（平成十五年）の夏、東北の青年部が「トインビー・池田大作」展を企画した。その記事が聖教新聞に載《の》った日、池田は松田のもとに、その日付の聖教新聞を届けている（七月二十五日付）。

「驚きました。新聞の一面に赤いサインペンで、〈松田友宏君／トインビー対談の時は／お世話になり／ありがとう！〉と先生のサインが入っていたのです。ちょうど対談から三十年の、節目の年でした」

*

松田は「個人的なテーマだったので対談集には収録《しゅうろく》されませんでしたが、翻訳していて強《きょう》烈《れつ》に印象に残ったやりとりがあります」と振り返る。

「ある日、池田先生がトインビー博士に『もし再びこの世に生を受けるとすれば、何に生まれ変わりたいですか』と尋ねられました。

博士は『鳥として生まれてきたい』『鳥は人類とともにありながら、人類によって滅《ほろ》ぼされることがなかった』と。

次に先生は『逆に過去の歴史を振り返った時、生まれてみたかったのはどの時代の、どの地方ですか』とも聞かれました。

博士は『西暦《せいれき》が始まってまもない時代の新疆《しんきょう》』と答えられました。現在の新疆ウイグル自治区ですね。さらに具体的に、中央アジアのカシュガルという町に生まれたかった、とおっしゃったのです」

なぜか。トインビーは池田にこう語っている。

――私は、多くの異《こと》なる民族、異なる文明が互《たが》いに出会い、接触《せっしょく》し、融合《ゆうごう》したような国に生まれてきたかったと思います。

できれば、西暦が始まってまもない新疆がよかった。ちょうどそのころ、大乗《だいじょう》仏教がインドから新疆を経て、東アジアに伝えられたのです。

イギリス創価学会の事務所の開所式で、プルー・バックネルにフラワーアレンジメントを手渡す池田の妻・香峯子（1973年5月、ロンドン）©Seikyo Shimbun

当時の中央アジアは仏教、インド、ギリシャ、イラン、中国の文明が、すべて合流した場所です。私もそうしたさまざまな出来事のなかで、ひと働きしてみたかった。もしカシュガルやホータンのような町で生まれていたら、最も活動しやすかったでしょう――

「トインビー博士がそこまで仏教に深い関心と情熱を持っておられることに、私は感銘《かんめい》を受けたのです」（松田友宏）

来る年ごとに幸せになるように

「池田先生がトインビー博士に招待されてアセニアム・クラブに行かれた日、私は先生ご夫妻から大きなフラワーアレンジメントをいただいたんですよ」。プルー・バックネルが笑顔で語る。イギリスＳＧＩの婦人部リーダーとして長年、スコットランドを担当してきた。池田・トインビー対談のテープ起こしを担《にな》った一人である。

「ロンドン市の南にあるスイス・コテージと呼ばれる一角に、イギリス創価学会のロンドン事務所があったのですが、あの日、その開所式《かいしょしき》がありました」

「ロンドン事務所の仏間《ぶつま》はとても小さく、十数人が入るのがやっとで、私はそのなかの一人でした。勤行《ごんぎょう》をする時、私は先生の真後《まうし》ろに座りました。会合が終わると、先生がきれいなフラワーアレンジメントを奥様に手渡し、そして奥様が私に手渡してくださったのです」

プルー・バックネルはこの三年前、創価学会に入っていた。

「私は一九六六年からロンドンに住み始めましたが、家族はスコットランドのグラスゴーのそばに住んでいました」

プルーが学会に入ったのは一九七〇年（昭和四十五年）。彼女が仏法にめぐりあう経緯《けいい》を聞くと、その時点ですでに創価学会が国境を超えて広がっていたことがわかる。

「一九七〇年の夏、私はスペインを旅しました。そして『最近までロンドンに住んでいた』というアメリカ人と知り合いました。そのアメリカ人にはロンドン在住の友人がいて、私はロンドンに戻ってからその友人とも会ったのです。彼が創価学会員だったのです。彼は私に仏法の話をしてくれましたが、もともとはベルギーに住んでいた日本人から折伏《しゃくぶく》されたそうです」

プルーが題目を唱え始めて二年後、池田・トインビー対談が始まった。プルーはバーバラ・ケイヒルやスー・ソーントンたちとともに、タイピングのチームに入る。

＊

「一九七三年の対談では、私は自前のタイプライターを作業場に持ち込みました。もちろん手動ですよ。数年前に秘書の学校に通《かよ》っていたので、タイピングは得意でした。あの当時、私は社会人からもう一度学校に戻っていました。ロンドン・カレッジ・オブ・プリンティングでグラフィックデザインを学び始めたばかりの学生だったのです」

「私が住んでいたのはロンドンのハイバリーヒルで、テープ起こしをするフラット（アパート）は五マイル（約八キロメートル）ほど離れたパークレーンにありました。先生が滞在されていた宿舎《しゅくしゃ》の角《かど》を曲がったところです。

先生はトインビー博士との対談だけではなく、たくさんの会合や行事に取り組まれたので、私たちもとても忙《いそが》しかった。あのフラットで皆と一緒に作業したのが昼だったか、それとも夜だったのか、今となっては思い出せません」と笑う。

池田はプルーに詩集『青年の譜《ふ》』を贈っている。表紙を開いたところに、

〈あなたが、今年よりも 来年、
来年よりも 再来年と
来る年ごとに

幸せになりますことを
心より私は祈りつつ
此《こ》の書を贈る〉

と綴った。

イギリス創価学会の男子部長だった藤井和雄は、「ロンドン事務所がオープンした二日後には、テムズ川沿《ぞ》いのレストランで第一回の『イギリス代表者会議』が行われました。ちょうどトインビー博士との対談が終わった日の夜です。とても重要な一日でした」と語る。

菩《ぼ》薩《さつ》の「誓《せい》願《がん》」とは自分で決めるもの

「あの日、北イングランドのホワイトヘブンという町から、車で七時間かけてやってきた人たちがいました。レイモンド・ケイヒルさんの家族です。彼らは代表者会議の参加者ではありませんでした。レストランの外にある大きな木の下で、ご夫妻と二人のお子さんがたたずんでいました。先生はレイモンドさんたちを見つけると、席を立って彼らのもとに向かい、会場に招き入れました」（藤井和雄）

レイモンドの小さな娘は、池田を見上げて「私、この人が誰か知っているわ」と笑った。池

レストランを会場にして開かれた第1回イギリス代表者会議で、参加者と握手を交わす池田（1973年5月、ロンドン）©Seikyo Shimbun

田はケイヒル一家を記念撮影し、「現像《げんぞう》して、必ず送ってあげますから」と約束した。

　父のレイモンドは池田に声をかけられても、一言も口にすることなく、ハンカチで目を押さえたままだった。「レイモンドさんはあることで悩《なや》み、弟さんから折伏されて創価学会に入ったのですが、ホワイトヘブンでは誰も同志がおらず、ロンドンの学会員から勤行を吹《ふ》き込《こ》んだカセットテープを郵送《ゆうそう》してもらって、勤行を覚え、地道に信仰を貫《つらぬ》いてきた紳士《しんし》です。会合の後で話を聞くと、『私は生まれて初めて人前で涙を流しました。私はうれしい。この喜びは説明できない』と言っておられました。レイモンドさんの奥さんも『彼が泣くなんて……』と言って、ご自分も涙ぐんでおられました」（藤井和雄）。

＊

「イギリス代表者会議」は四十人ほどの小さな会合だった。池田がレイモンド一家を招き入れた後、ジュディ・コニリスという黒人女性が池田の席に歩み寄った。紫と白のライラックの花束を、静かに池田に手渡した。

「昨年の五月、先生がロンドンへいらっしゃった時、近所に住む女の子が、私の家の庭からライラックの花を摘《つ》んで、先生にプレゼントしました。私はこの五月、再び私の庭からライラックを摘《つ》んで、お持ちしました」

そう説明するジュディに向かって、ライラックを手にした池田は深々と頭を下げた。

この会議で池田は、仏法の力《ちから》を「木の成長」に譬《たと》えている。

「心の中に〝南無妙法蓮華経《なんみょうほうれんげきょう》の種〟を植えると、生命に根を張《は》り、葉が茂《しげ》り、実がなり、大木になっていくのです。そんな大樹《たいじゅ》に育つ土壌《どじょう》は……」

池田は自分の手で自分の体を指し、「ほかでもない、この中にあるのです」と言った。

「木でも、大木になるには十年、二十年とかかります」。日蓮仏法は「青年の宗教」です、今は「万年の宗教」の基礎《きそ》を固める草創《そうそう》の時代であり、その作業は始まったばかりなのです、と訴《うった》えた。

取材していた聖教新聞記者の松岡資は、会合が終わってから、レストランの経営者が池田に声をかけたことを覚えている。「コーフマンというご婦人でした。彼女は『私は今夜集《つど》われた皆さんの、上下の差別のない友情、心の交流に感動しました』と言って、先生にサインを求めたのです。身分制度の強いイギリスゆえの驚きだったのかもしれません。忘れがたい一瞬でした」。

プルー・バックネルは、一九七三年（昭和四十八年）の池田の訪問から大切なことを学んだと語る。

「仏法の世界では、褒《ほ》められているとか、人に知られているとか、脚光《きゃっこう》を浴《あ》びるとかいったことは重要ではないのです。地涌《じゆ》の菩薩《ぼさつ》としての『誓願《せいがん》』は、私自身が決めて、選ぶこと。人前に立って行うとか、誰も見ていない陰《かげ》でやるとかは、関係ありません。そのことを私は先生から学びました」

プルーはその後、本のデザイナーとして成功した。大学で芸術史を学んだ後、グラスゴー近郊の博物館で定年まで働き、今はスコットランド北部のハイランド地方に住む。

「私は今、スコットランドＳＧＩの北半分を担当する婦人部長です。オークニー諸島《しょとう》にも二人、シェトランド諸島にも一人、メンバーが誕生しました。池田・トインビー対談のサポートをはじめ、さまざまな経験が私を本当に助けてくれています。

私は何年も先生にお会いしていません。先生もお年を召《め》されたと思います。しかし、私は先生の指導を読み、心のつながりを祈《いの》るたびに、『私は先生のそばにいる』と感じます。私が年を重《かさ》ねるにつれて、私は先生とともに広宣流布の『基礎《きそ》』をつくるために、今、この時に生まれ合わせたのだと感じるのです。この人生こそ、私の使命なのです」

「我々は宇宙大《うちゅうだい》の作業をしているんじゃないかな」

「……映像の世界は日進月歩《にっしんげっぽ》で、十六ミリから始まって、ビデオテープ、DVD、今はデジタルで学会のニュースが見られるようになって、まさに隔世《かくせい》の感《かん》ですね」

八十四歳の湯澤正二はそう言って静かに笑った。一九七三年（昭和四十八年）、取材スタッフとして池田に同行し、トインビーとの対話を十六ミリフィルムに収《おさ》めた。

「先生が会長になられて四年目の夏、〈学会の眼《め》であれ〉と揮毫《きごう》された色紙をいただきました。どの取材の時も、この一言が私の指針でした」

「国内でも国外でも、数えきれない数のフィルムを回しましたが、なかでもトインビー対談は印象に残っています。ヨーロッパ訪問の直前、用事があって先生の仕事場に入ったことがあったのですが、部屋の畳《たたみ》一面に資料を広げて、すさまじい集中力で対談の準備に臨《のぞ》まれていました。

イギリス入りする直前、フランスの宿舎《しゅくしゃ》でも、一日の会合が終わった後、取材班のみんなで『先生の部屋の灯《あか》りが消えたら寝ようか』と言っていたのですが、なかなか消えないんですよ。あの日は夜中の三時を過ぎても消えなかった」

ロンドンにある自宅の書斎で机に向かうトインビー ©Seikyo Shimbun

湯澤正二は長野の飯田市で生まれた。両親が先に学会に入っていたが、湯澤は関心がなかった。

「昭和二十五年に中学を卒業しました。すぐ東京に出て、渋谷の道玄坂《どうげんざか》にあったスポーツ用品店で働きながら夜間の都立一商に通いました。その店主のお兄さんが映画監督で、『撮影所《さつえいじょ》で働いてみないか』と誘《さそ》われたんです。東宝傘下《さんか》の東京映画でした。撮影は面白かった。三年近く下働《したばたら》きを続けて、晴れて四番手の撮影助手になりました。四番手から一番手まで上がっていくシステムでした」

照明部や録音部の先輩に創価学会員がいた。「何回か仏法の話を聞いて、『この信心は親孝行《おやこうこう》できるんだよ』と言われたのがきっかけですね。親も学会に入っているし、じゃあやってみようか、と」。

男子部の活動を始めてしばらく経《た》ったころ、「会合の撮影を手伝ってくれ」と頼まれた。それは、国立競技場で行われた「男子部十万結集」の大会だった（一九六一年十一月五日）。

「カメラマンとして初めて池田先生を撮影しました。そもそも十万人が集まる映画撮影なんてやったことがないし、先生の力強《ちからづよ》さを目《ま》の当たりにして、この身が震《ふる》えました」。翌年、学会本部で働き始める。

*

——池田とトインビーの対談が終わった日の夜、湯澤の部屋の電話が鳴った。池田に随行《ずいこう》している原田稔（創価学会会長）からだった。「先生からの伝言でした。『きょうは満月だから、屋上で一緒に写真を撮《と》ろう。カメラを持っていらっしゃい』と。びっくりしました。毎日忙《いそが》しくて、きょうが満月だなんて誰も意識すらしていないですから。カメラや望遠《ぼうえん》レンズ、三《さん》脚《きゃく》を抱《かか》えて、二〇〇メートルほど離れた先生の宿舎《しゅくしゃ》に向かいました」。

湯澤が屋上でセッティングをしていると、池田が「待たせたね。今、日本のメンバーにお題目を送っていたんだよ」と言って屋上に現れた。

「先生はトインビー対談という大仕事を終えたばかりで、相当お疲《つか》れだったはずです。その他にも対談、個人指導、会合とびっしりスケジュールが詰《つ》まっていて、そんな真《ま》っ最中《さいちゅう》に、先生は日本の学会員の様子を気にかけておられた。驚きました」

「さあ、撮《と》ろう」。池田が湯澤に声をかけて、撮影が始まった。

雲が晴れるたびに、ロンドンの夜空にレンズを向ける。シャッター音が響《ひび》く。雲が満月にかぶると一休みである。

「何回目かの雲がかかった時、先生は夜空を見上げながら、独《ひと》り言《ごと》のように話し始められました。『太陽でも、月でも、毎日リズム正しく運行しているのは、とても人間にはマネできないことだ。我々のやっている運動も、小さな存在だと思うだろう？』と。

そして先生はまっすぐこちらを向いて、私の目を見つめて言われました。『だけど、我々が広宣流布《こうせんるふ》を目指して、真剣に題目をあげて、立ち向かっている姿勢というのは、宇宙に遍満《へんまん》していく（すみずみまで満ちひろがる）んだよ。だから私たちも、宇宙大《うちゅうだい》の作業をしているんじゃないかな』と。

また雲が切れて、満月が顔を出しました。先生は『さあ、撮ろうよ』と言って、再び満月にカメラを向けられました。あの夜の撮影は、一生忘れることができません」

＊

それから二年後の五月――池田は再びロンドンに向かった。トインビーとの対談の日本語版『二十一世紀への対話』が出来上がったばかりだった。しかし、脳出血《のうしゅっけつ》で倒れたトインビーは、すでに人と会えない状況にあった。池田はトインビーの秘書《ひしょ》に会い、対談集の特装本《とくそうぼん》を託《たく》した。

後日、トインビーの妻ヴェロニカから池田に手紙が届いた。そこには〈……本当に読めているのかどうかわかりませんが、主人は病床《びょうしょう》にあってもなお、本を手にし、そのページをめくっていました〉と綴られていた。

池田は創価大学通信教育部の学生に、ヴェロニカの手紙を読んだ時の心境《しんきょう》を語っている。

「……この一文は、私の心の奥に電撃のように突《つ》き刺《さ》さった。『学ぶ』ことに徹《てっ》した博士の、すさまじいまでの姿は、今も胸に迫《せま》ってきてならない」（『池田大作全集』第五十九巻）

英語版のタイトルは、トインビーが自らつけた。「生への選択」――トインビーが何度も格闘を重ねた書、『旧約聖書《きゅうやくせいしょ》』の「申命記《しんめいき》」に由来している。

「申命記」は、イスラエルの民を率《ひき》いて「約束の地」を目指した指導者、モーセの教えとして読みつがれてきた。
〈……わたしは命と死および祝福《しゅくふく》とのろいをあなたの前に置いた。あなたは命を選ばなければならない〉（「申命記」三十章十九節、日本聖書協会口語訳）
死ではなく、命を選べ。生を選べ。そうすれば人類は生きながらえることができる——この一言に、未来へのメッセージを込めた。

イギリスの王立国際問題研究所（チャタムハウス）を訪れた池田。日本語版の対談集『二十一世紀への対話』の特装本と創価大学の名誉教授称号の証書をトインビーの秘書オール（右端）に託す（1975年5月、ロンドン）©Seikyo Shimbun

『二十一世紀への対話』が手元に届いてから五カ月後、トインビーは息を引き取った。八十六歳だった。英語版はイギリスのオックスフォード大学出版局から一九七六年（昭和五十一年）に刊行された。

四十時間に及んだ対談の最終日、池田

は「私個人に何か忠告《ちゅうこく》を」と申し出た。

トインビーは池田に語った。

「私があなたに個人的なアドバイスなどすることは僭越《せんえつ》だと思います。私は〝学問の人間〟であり、あなたは大変に重要な組織の〝責任ある長《ちょう》〟でいらっしゃる。

私のいえることといえば、あなたと私とは、人類は自らの生き方をどうすべきかという点で、意見の一致を見た、ということだけです。池田さんご自身が、今まで実践してこられた〝中《ちゅう》道《どう》〟の行き方にこそ、人々が歩んでいくべき道があると思います」

この瞬間、〈博士の表情は厳しかった。私は、つづく言葉が出なかった〉――そう池田は綴っている（「中央公論」一九七三年八月号）。

人生を彩《いろど》る「精神の旅」

〈多分彼は言葉の本当の意味での人類史《じんるいし》を初めて試《こころ》みた人である〉（『歴史の研究』第二十三巻、一二〇二ページ）――こう評《ひょう》されるトインビーだが、歴史を学べば学ぶほど、深まっていく大きな謎があった。

〈どんなに情報に通じた観察者にとっても、最後まで未知数《みちすう》として残るものが一つある〉とい

う。それは、

〈実際に試煉《しれん》が起こった時に、それに対して行動を起こす人間の反応である〉

（『歴史の研究』第二巻、一八六ページ）

創価学園で世界史を教えてきた城川正敏。夏の教育講座では二十年近く、池田・トインビー対談を教材に選び、二人が示した課題に取り組んできた。

「トインビー博士は壮大《そうだい》な文明論を著《あらわ》しましたが、一貫して『人間の歴史をつくるものは人間社会ではなくて人間である』と訴え続けました（『歴史の研究』第六巻、二十三ページ）。博士のキーワードの一つが『引退《いんたい》と復帰《ふっき》』です。大きな歴史をつくる人間の系譜《けいふ》には、ひとたび退《しりぞ》いても、その後、不屈《ふくつ》の道を進むパターンがある、というのです。博士はそれを『精神の旅』とも呼びました」

「トインビー博士の人間史観《にんげんしかん》は、現代でも十分に普遍《ふへん》性を持っていると思います」

トインビーは、創造的なリーダーが〈社会的危機に際《さい》して立ち上がるために〉、〈社会が直面する挑戦に立ち向かうために〉、この道を選んだ例を何人も挙《あ》げている（『歴史の研究』第六巻、第二十二巻）。

この学説は、トインビーが発表した〈どの考えよりも厳しく批判《ひはん》された〉という。しかし、彼は考え直した結果、核心の部分は譲《ゆず》らなかった。

〈宗教と人文《じんぶん》研究の分野では、引退と復帰は一部の最も偉大な、そして最も大きな影響を及ぼした人々が辿《たど》った道であったと私はやはり信じている〉（『歴史の研究』第二十二巻、四八九ページ）

キリスト教を形づくったパウロ。

仏教を開いた釈尊《しゃくそん》。

イスラム教を興《おこ》したムハンマド。

儒教《じゅきょう》の祖《そ》である孔子《こうし》。

彼らはすべて、この道を選んだ。トゥキディデスをはじめ、名だたる歴史家たちも、迫害されたり、流罪《るざい》されたりした後、それまでとは異なる立場で偉業《いぎょう》を成《な》し遂《と》げている。〈ダンテもこのなかの一人であった。彼は終生《しゅうせい》フィレンツェから放逐《ほうちく》されて、市民としてではなく詩人として復帰したのである〉（同四九〇ページ）。

じつはトインビー自身が、こうした困難《こんなん》な道を歩んだ一人だった。その「個人的な体験」を池田に語っている（『二十一世紀への対話［上］』聖教ワイド文庫、一八二ページ）。

＊

トインビーは三十二歳だった。ロンドン大学で歴史を教えていた。担当していたのは、ギリシャ政府の寄付《きふ》でつくられた講座だった。

「……現代ギリシャ人の生活を研究するために、一九一九年から一九二二年にかけてのギリシヤ・トルコ戦争を視察《しさつ》に行きました。ところが直接に観察した結果、私は、この戦争はギリシャ側が間違っており、トルコ側が正しいという結論に達したのです」（同ページ）

「マンチェスター・ガーディアン」（現在の「ガーディアン」）という新聞に、トインビー特派員の長文記事が載った。見出しは〈ヤロヴァにおけるギリシャの残虐《ざんぎやく》〉〈十四のトルコの村々が破壊された〉（一九二一年六月十日付）

――六週間前、ヤロヴァには七〇〇〇人のトルコ人がいた。今は一五〇〇人にも満《み》たないだろう。

――六週間前、十六のトルコの村があった。今は一つと半分だけだ。

〈殺害、レイプ、放火、略奪《りやくだつ》〉……トインビーの筆は鋭《するど》かった。

――私がこうして書いている間にも、死の恐怖にさらされ続けている幾千人ものトルコの男性、女性、子どもたちを救いたい。

――ギリシャ軍が退《しりぞ》いた後に起こる〝復讐《ふくしゆう》の連鎖《れんさ》〟を止《と》めなければならない。

記事を書いた後、トインビーはトルコからイギリスに戻る列車の中で、一枚の紙にペンを走らせている。そのメモが、ほぼそのまま、大著『歴史の研究』の目次になった。

ギリシャとトルコはお隣《となり》同士で、極《きわ》めて仲が悪く、イギリスはギリシャの味方だった。「マンチェスター・ガーディアン」の記事はイギリス国内で強く批判され、トインビーはロンドン大学を追われた。そして王立国際問題研究所（チャタムハウス）に採用され、妻となるヴェロニカと出会う。二人は協力し合い、三十三年間にわたり『国際問題大観』を作り続けた。それは『歴史の研究』の執筆と同時並行だった。〈この二つを同時にやっていたのでなければ『大観』も『研究』も作れなかっただろう、と私は信じる。この二つが一緒になって、私が手に入れることのできる最も広い視野と、私が扱うことのできる最も包括的《ほうかつてき》な仕事の分野を、与えてくれたのである〉（『回想録Ⅰ』一四九ページ、社会思想社）。ロンドン大学を追われた経験が「二十世紀最大の歴史家」を生んだ。

〈誰が悪かったにせよ、このとがは私にとってはさいわいになったのである〉（同九十六ページ）

＊

池田はトインビーと対話した六年後、第一次宗門《しゅうもん》事件に直面《ちょくめん》し、創価学会の第三代会長を辞任する。その後の反転攻勢《はんてんこうせい》の歩《あゆ》みは、かつてトインビーが示した「引退と復帰」を彷彿《ほうふつ》させる。

会長辞任の二年後、池田は創価大学で講演《こうえん》した（「歴史と人物を考察――迫害と人生」。『民衆こそ王者』第二巻で詳述）。今も学生たちが学び合うその講演の中で、池田は語っている。

「最近、常々私が考えている、歴史上、迫害に遭《あ》った人々がいかなる背景から迫害を受け、また、それをいかに勇敢《ゆうかん》に乗り越えていったかということを考えてみたいと思います。言うなれば『迫害と人生』とでも言えるでしょうか」（『創立者の語らい（上）』二六四ページ、創価大学学生自治会「創立者の語らい」編纂委員会編）

池田とトインビーが語らいを重ねたホーランド公園に２人の名を刻んだベンチが設置され、イギリスＳＧＩのメンバーが記念の写真に納まる（2015年7月、ロンドン）©Seikyo Shimbun

牢獄《ろうごく》の中でも〝座談会〟を開いた吉田松陰《しょういん》。

宮刑《きゅうけい》という最大の屈辱《くつじょく》に耐え、不滅《ふめつ》の『史《し》記《き》』を残した司馬遷《しばせん》。

一生にわたり投獄《とうごく》と抵抗《ていこう》を続けたマハトマ・ガンジー。

亡命《ぼうめい》時代に傑作《けっさく》を残した文豪《ぶんごう》ヴィクトル・ユゴー。

革命を成し遂げた後、最も苦しい時期に「青年よ、今こそ学べ」と訴えたレーニン。

他にも菅原道真《すがわらのみちざね》、頼山陽《らいさんよう》、屈原《くつげん》、セザンヌ……古今東西《ここんとうざい》、九人の人生に触れ、「歴史的偉業というものは、どんなに偉大な個人の名が冠《かん》せられていようとも、民衆という大地に、しかと根を張っているものなのであります」と語った（同二八二㌻）。

「引退と復帰」――トインビーが人類史から導き出した一本の道を、池田もまた、はからずも歩むことになった。そして自らの体験を交《まじ》え、「迫害こそ仏法者の誉《ほま》れである」という信条《しんじょう》を若い人々に訴えていく。

＊

池田が会長辞任を余儀《よぎ》なくされた一九七九年（昭和五十四年）以降、池田・トインビー対談をイギリスＳＧＩの「人を育てる根本」に据《す》えた一人の壮年リーダーがいた。欧州ＳＧＩ女性部長を務めるスザンヌ・プリチャードや、欧州ＳＧＩ副議長のロバート・サミュエルズたちも、彼の薫陶《くんとう》を受けて育った。

そのリーダーの名はリチャード・コーストン。王立《おうりつ》陸軍士官学校出身の紳士である。第二次世界大戦のビルマ（現在のミャンマー）で地獄《じごく》を見た。創価学会に入ったのは五十一歳の夏だった。

吉澤五郎／石川　好／河合秀和

池田ＳＧＩ（創価学会インタナショナル）会長と「二十世紀最大の歴史家」と称されるトインビー博士との語らいは対談集『二十世紀への対話』として結実。その後、世界二十九言語で翻訳・出版され、多くの識者や国家指導者が愛読する。この〝文明間対話〟を識者はどう見るのか。

「識者の声」篇

時代の転換を照らす
トインビー・池田対談。

吉澤五郎
比較文明学会名誉理事

私は、英国の著名な歴史家アーノルド・トインビーの研究に、長年取り組んできました。「民衆こそ王者」〈先駆者たち――ヨーロッパ篇〉では、世界的な関心をよんだトインビーと池田大作SGI会長との対談集『二十一世紀への対話』のもつ意義や舞台裏等が描かれており、興味深く拝見しました。ここでは、おもにトインビーの側から光をあて、いわば「逆光の真理」として、その「秘められた真実」を開示できればと考えます。

とくに、世界的な歴史学者と著名な仏法者との異色の対談は、新たな価値創造への道として世界的に注目されました。この対談集には、トインビー晩年の最終的な見解が収《おさ》められており、研究文献《ぶんけん》としても大変重要なものです。他方、池田会長は、東西文明の異なる知見を認めつつ、西洋の叡智《えいち》と東洋の智慧《ちえ》が合流する「宗教間の対話」と「文明間の対話」の道を築いた、といえましょう。

その広大な歴史的慧眼《けいがん》と深遠な宗教的洞察《どうさつ》によって紡《つむ》がれた「トインビー・池田対談」には、人類史上の貴重な教訓と明日の未来世代に向けた珠玉《しゅぎょく》のメッセージが刻まれています。

今日、新たな「地球倫理学」の開拓者であるＪ＝Ｙ・クストーは、独自の構想として「未来世代の権利」を打ち出しました。この斬新《ざんしん》な思想は、ユネスコの名高い「文化的多様性に関する世界宣言」（二〇〇一年）に結実します。二十一世紀の指標ともなるこの提言は、すでに「トインビー・池田対談」（一九七二年）のなかでも、先見《せんけん》の明《めい》として読み取れましょう。今日、苦悩する未来世代から「生存権」を奪《うば》おうとしている、とトインビーは述べます。私たちは他ならぬ一地球市民として、その鋭《するど》い警鐘《けいしょう》を心に留《とど》めたいものです。

他方「民衆こそ王者」では、トインビーの基本的な文献が適切に引用されています。読者にとって、きっと「トインビー入門」の良き道しるべとなりましょう。加えて、対談の趣向《しゅこう》や重心点の再検証だけでなく、新たに現代的な展開性も見られます。とくに城川正敏氏が、現代日本の教訓ともなる「満州問題」を提示した意味は大きいといえましょう。

二〇一六年、「トインビー・池田対談」を飾《かざ》る最新の翻訳書がベトナムで出版されました。私は、かつて「トインビー生誕一〇〇年・国際フォーラム」（一九八九―九一年）の一環としてベトナムを訪問し、多くの有識者と会談しました。

その中の一人であるハノイ大学のファン・フイ・レー教授（ベトナム歴史学会会長）との懇談では、トインビーの大著『歴史の研究』を読了され、また大学でのトインビーを主題とする講義風景などをうかがいました。さらに、ベトナムで名高いファン・バン・ドン元首相も「トインビーの歴史観と思想の重要性に注目していた」との貴重な証言も得ました。その折の、高《こう》潔《けっ》で温厚《おんこう》な教授の人柄も忘れがたいものです。

トインビーは、かつてベトナム戦争を「アメリカ外交政策の重大な過誤《かご》であり、ヨーロッパ植民地主義の新たな復元である」と厳しく批判しました。そのベトナム戦争の惨禍《さんか》を経《へ》て、新しい社会を築く一つの範《はん》として、トインビーへの共感が寄せられたのでしょう。まさに、「苦悩の叡智」というトインビー思想の命題が甦《よみがえ》るベトナムで「トインビー・池田対談」が出版された意義は大きいといえましょう。もっとも、トインビーが讃《たた》えた「建国の理念」が揺《ゆ》らぐ現代アメリカにとっても、無縁な話ではありません。

親日家であるトインビーは、戦後・戦前を通じて三度にわたり来日しています。初来日となる一九二九年といえば、世界が注視した「満州事変」が起こる二年前です。トインビーはこの折の「国際会議（太平洋会議）」で講演し、大局的な見地から日中双方にみる絶対的な国家主義の非道を厳しく批判しています。その後の論文「次の戦争――ヨーロッパかアジアか」（一九三四年）では、かつて自滅《じめつ》を余儀《よぎ》なくされた「カルタゴの運命」の轍《てつ》を踏《ふ》まぬようにと、日本に強く警告しています。今日でも真摯《しんし》に学びたい歴史の教訓です。

またトインビーは、現代の「生への問題関心」を離れた伝統的な近代歴史学と決別し、広く人類文明史を俯瞰《ふかん》することから、未来を読み解く「歴史の決断」を求めたのです。その新知の試みは、新しい世界史としての「比較文明学」への道を開きました。第一回の「国際比較文明学会」（一九六一年、オーストリア・ザルツブルク）には、世界の知的巨匠が集いましたが、その理論的指導の重責を担《にな》ったのがトインビーです。
トインビーの膨大《ぼうだい》な著書には、よく宗教を扱《あつか》う作品が多いともいわれます。事実、晩年には「文明と宗教」への思索《しさく》を深め、とくに文明の求心力となる宗教に大きな関心を寄せています。ある意味で、文明の精神的な指標を重んじたからこそ、大乗仏法の指導者である池田会長との対話に臨《のぞ》んだのでしょう。

二十世紀は、人類史上未曾有《みぞう》の「戦争の世紀」とも呼ばれ、二度の世界大戦を経験しました。二十一世紀には、人類全体を覆《おお》う核拡散の脅威をはじめ環境問題やグローバル危機といった地球的問題群が押し寄せ、「宇宙船地球号」の運航も危《あや》ぶまれています。今日、まさに人類文明史の根本的な転換が問われるゆえんです。

ところで、「文明の転換」問題とは、その存在根拠となる「価値の転換」問題でもあるのです。今日、人類共同の「地球文明」を築く道標として、どのように座標軸を設定するか。これまでの一元的価値観の修正とともに、新たな自然との和解と共生さらに人間と生命の尊厳へとつながる新しい価値創造が不可欠です。

すでに一種の〝恐れと期待〟の感を秘《ひ》めた「第三の千年紀」が開幕しました。トインビー・池田対談はその初日に提示されたテーマのように、人間存在の根源的な意味をはじめ、生命の尊厳、世界平和の構築といった根本問題について真摯な語らいを重ねています。実は、対談の英語版の原題は、トインビーの発意による『ＣＨＯＯＳＥ　ＬＩＦＥ』（『生への選択』）です。

いち早く、二十一世紀の精神的な座標軸を暗示《あんじ》するかのようです。

国際経済学の泰斗《たいと》である西川潤氏は近著『2030年 未来への選択』で、近未来にやってくる人類存続の一判断点として「二〇三〇年説」をあげています。二〇三〇年とは国連開発計画（UNDP）が定めた「持続可能な開発目標」（SDGs）の達成期限です。間もない二十一世紀の近未来に、私たちは破局のシナリオを選ぶのか。それとも平和と自立共生のシナリオを選ぶのか。いま、人類が自ら命名した「ホモ・サピエンス」（賢いヒト）という自負《じふ》の真偽《しんぎ》が問われている、ともいえましょう。

そのときに、「トインビー・池田対談」に育《はぐく》まれた明日へのメッセージは、新たな輝きと重みをもって時代の転換を照らすことになりましょう。トインビーは「死すれど、今なお語る」、いな「今こそ語らねばならない」との想いを深める昨今です。

「文明間の対話」が平和な社会を作る。

石川　好
作家

月刊誌「潮」連載の「民衆こそ王者」〈先駆者たち――ヨーロッパ篇〉では、大歴史学者のトインビー博士と池田大作ＳＧＩ会長との対談集『二十一世紀への対話』について綴《つづ》られています。私も対談集を読み、創価大学主催の「池田大作とＡ・Ｊ・トインビー展」も拝見しました。

トインビーは西洋のキリスト教文明の世界で生きる歴史家であり、池田会長は東洋の仏教指導者です。『二十一世紀への対話』とは、異なるバックグラウンドをもつ二人による文明間対話でした。

では、なぜトインビーはこうした文明間の対話を望《のぞ》んだのでしょうか。その背景には二度の世界大戦があります。一九一四年、ヨーロッパで第一次世界大戦が勃発《ぼっぱつ》。歴史上類例を見ない死者を出し、トインビー自身も多くの友を失いました。この大戦を目《ま》の当たりにした人々は、人類が数千年をかけて築いてきた文明が終わるかもしれないという深刻な危機感をもちます。大戦終結後、「もう二度とこのような戦争を起こしてはならない」との思いから、各国の指導者が智恵《ちえ》をめぐらせます。国際連盟の設立もそのひとつです。

ところが、まもなくして人類は第二次世界大戦を引き起こしてしまいます。第一次世界大戦はヨーロッパ文明間での争いでしたが、第二次世界大戦はアジア圏までも巻きこんだ戦争となりました。

文明の輪郭《りんかく》を形成しているのは宗教です。そして、世界宗教とよばれるものの根底には「人を殺してはいけない」という平和思想が存在しています。にもかかわらず、なぜそうした思想を基盤にした文明が見境《みさかい》なく戦争に走ってしまうのか。〝文明とは何か。宗教に救いはないのか〟という絶望にも近い問いかけがトインビーにはあったに違いありません。解決策を懸命に模索《もさく》するトインビーは、次第に東洋の仏教文明に注目するようになります。

なかでも、ひときわ強い興味をもった団体が創価学会でした。第二次世界大戦の渦中、国家権力による大弾圧を受けながらも創価学会は戦後に再建し、民衆宗教として大発展します。ほとんど影響力を失ってしまったように見えた仏教が、極東の島国で甦《よみがえ》っていることを知ったトインビーは、〝創価学会によって、仏教の思想は新しいものに生まれ変わっていくのではないか〟と直感したのではないでしょうか。そして、〝仏教を現代に甦らせた池田大作という仏教指導者はどういう人物なのか〟と考えるようになったのです。

「池田大作とA・J・トインビー展」では、トインビーから池田会長に届いたエアメールの実物が展示されていました。あの歴史的な対談は池田会長からではなく、トインビーからの要請《ようせい》を受けて実現したのです。トインビーはこの語らいが単なる私的な対談をこえて、西洋と東洋という文明間の融和《ゆうわ》に大きな役割を果たしていく〝対話〟になると考えていたのでしょう。

対談要請のエアメールが送られた一九六九年秋から二年半後の七二年五月に初対談が実現します。このときトインビーは八十三歳、池田会長は四十四歳でした。親子ほどに年が離れた二人の対話は、翌年の語らいと合わせて、のべ十日間、四十時間にわたります。

「民衆こそ王者」では、「戦争を廃止する方向に向かって私の生きている間にできるかぎりのことをする」とのトインビーの言葉が引用されていました。また、池田会長が講演で語った「人類が生き延びるために、われわれはいったい、何をすればよいのか。いったい、何ができるのか」という言葉も印象的です。

両氏による対談の眼目《がんもく》は「どうすれば人類は戦争を回避できるか」という一点に尽きます。戦争という愚かな教訓に学び、人類破滅《はめつ》のシナリオを回避するため、トインビーは命がけで池田会長との「文明間対話」を語り残したのです。

対話の力と文化の力

文明と文明が衝突《しょうとつ》し、軋轢《あつれき》を武力で解決しようとすれば、必ず武力によって仕返しされます。文明の衝突を回避するために、地道で遠回りのように見えても文明間の対話を続けるほかありません。第三次世界大戦が起きれば、もはや人類の未来はないのです。

残念なことに、現在の国際社会はトインビーが危惧《きぐ》した方向に進んでいます。アメリカやヨーロッパでは国内においても分断が進み、対話が困難になっています。中東地域はますます不安定な状況に陥り、北朝鮮と周辺国の関係は緊張《きんちょう》の度《ど》を増すばかりです。

カルタゴの轍《てつ》を踏《ふ》んでしまったかつての日本のように、再び人類は愚行《ぐこう》を繰り返すのか。それとも『二十一世紀への対話』で示された「生への選択」を行うのか。我々は人類史の岐路《きろ》に立っているのです。

七五年にトインビー対談が発刊されてから、池田会長は世界のリーダー、有識者と果敢に文明間対話を重ねていきました。九八年には、池田会長の友誼《ゆうぎ》に応えてロシア科学アカデミー東洋学研究所が「法華経とシルクロード」展を開催します。その後、世界各地で開催された〝法華経展〟の様子も「民衆こそ王者」には詳しく綴られています。

ＳＧＩはこうした文化交流を盛《さか》んに行っています。私たち現代人は、すぐに成果を求めがちです。そういった意味では、文化の力はすぐさま目に見える成果が出るものではないかもしれません。しかし、文化交流によって〝のびしろ〟を大きくすることが、寛容《かんよう》さにつながるのです。

かつて私も中国・南京《ナンキン》の「大虐殺記念館」で日本人漫画家による「私の八月十五日展」を開催したことがあります。展示を通じて「日本人にもこんな戦争体験があったのか」と知る。戦争の裏には常に苦しんだ民衆がいて、計《はか》り知れない悲しみがあることに気づく。そういった共感こそが、日本や中国といった国の壁を越えた対話の糸口を作り出すことを肌で感じました。

平和を実現する人類共通の基盤を作り出していくために、今こそ〝対話の力〟〝文化の力〟が求められているのです。

池田・トインビー対談は「人類の百科事典」。

河合秀和
学習院大学名誉教授

一九六七年、来日していた歴史学者のアーノルド・トインビー博士と会食する機会がありました。そのとき、トインビーは私に二つの質問を投げかけました。一つは戦前の日本が掲《かか》げた国体思想についてです。

トインビーはかつてフランスで起きた「プジャード」という反税運動を念頭に起きつつ、日本で今後ファシスト政党が勃興《ぼっこう》すれば、国体思想が利用されるのではないかと憂慮《ゆうりょ》していたようです。

私は一時間ほどかけて、おおよそ次のように答えました。

「戦前の日本にあった国体思想は、形を変えて残っています。天皇を頂点とした国体思想の価値体系は敗戦で崩《くず》れ去《さ》り、形式的には日本国憲法が新たな頂点となりました。しかし、家庭内、職場内といった日本人の人間関係のなかに、国体思想的なものは今なお残っています」

それを聞いたトインビーが発したもう一つの質問は「公明党はファシスト政党になるのか」というものでした。当時、日本の新聞は「公明党はファシスト政党だ」と騒《さわ》ぎ立てていましたので、そうした報道が事実に即《そく》したものかどうかを確かめたかったのでしょう。

関西の出身で、これまでに多くの創価学会員と接してきた私は、第二の質問に対してこう答えました。

「公明党はファシスト政党にはなりえません。なぜならば支持母体である創価学会が、現世的な利益を肯定《こうてい》しているからです。創価学会は現世を捨《す》てて、来世の幸福だけを願うような宗教ではありません。安易に自分の命をなげうってお国のために尽《つ》くすような生き方を否定しているので、彼らは自己破壊的な行動には走らないのです。

（高度成長期当時の）日本には、農村から都市に出てきて新しい仕事に就《つ》いたものの、経済繁《はん》栄《えい》の恩恵《おんけい》を受けることができず、社会の名誉《めいよ》ある一員として認められていない人々が数多く存在しています。彼らに新しい希望と展望を与えているのが創価学会なのです」

二年後の六九年秋、トインビーは創価学会の池田大作名誉会長（当時会長）のもとに対談を要請《ようせい》するエアメールを送ります。そして七二年と七三年に、計四十時間に及ぶ対談を重ね、七五年には『二十一世紀への対話』が発刊されました。

オックスフォード大学出版局から出版された英語版の池田・トインビー対談（英題は『生への選択』）を読み、「この本は人類の百科事典になる」と私は感じました。

英語版の巻末には索引《さくいん》がついています。読者が「この問題についてはどう語られているのだろう」と思ったとき、膨大《ぼうだい》な対談のなかからトピックをすぐに探せるよう、日本語版にも索引をつけることができれば、百科事典としての輝《かがや》きはさらに増すことでしょう。

池田・トインビー対談では、実に広範《こうはん》なテーマについて語られています。かたや東洋人で宗教家、かたや西欧人で歴史家という背景の異なる二人が多くの点で意見の一致をみます。さらに言えば、「戦争の体験」が活動の出発点になっていることも共通しています。

トインビーが学んでいたオックスフォード大学のベリオール・カレッジは、学徒徴兵《がくとちょうへい》によって多くの死者を出しました。トインビー自身は、ギリシャを旅行中に悪い水を飲んで腸《ちょう》チフスにかかったために、徴兵を免《まぬか》れたそうです。しかし、彼が親しくしていた学友たちは次々と戦争で亡くなります。この悲惨《ひさん》な体験から彼は「なぜ戦争が起こるのか」という命題について研究し始めます。その後、これまでの近代歴史学と決別し、比較文明学という新たな学問を切り拓《ひら》いていくのです。

池田名誉会長も太平洋戦争によって兄を失い、自宅を空襲《くうしゅう》で焼かれて大変な思いをしました。小説『人間革命』は〈戦争ほど、残酷《ざんこく》なものはない。戦争ほど、悲惨なものはない〉との一節から書き起こされています。戦争を憎《にく》み、平和を希求《ききゅう》するという一点で、両者は完全に一致していました。

カルマ（宿業）の捉《とら》え方についても両者は深く共鳴します。トインビーは対談の序文で、人間が背負うカルマを銀行口座に喩《たと》えます。カルマの銀行口座では〈一生の間に、貸し方・借り方の勘定《かんじょう》が新たに記帳され、そのたびごとに残高が絶《た》えず変動している〉というのです。

そのうえで〈カルマを背負《せお》った存在としての人間は、それ以後の行為によってこのバランスシートを良くも悪くもでき、またそうせざるをえない。したがって、その意味では、少なくともカルマの一部に関しては、人間は自由な行為者なのである〉と綴《つづ》るのです。

他方、池田名誉会長も「宿業は変えられない」と悲観する運命論ではなく、「宿命は転換できる」との哲学を志向します。人間は宿業を背負いながらも、未来において選択の自由を有している。ゆえに人類は、先の大戦のような悲惨な戦争を二度と引き起こさないという選択を勝ち取らねばならないのだ、との信条が二人の対談には貫《つらぬ》かれています。

池田名誉会長は〈いまの社会は、まだ女性がその潜在《せんざい》能力を男性と同じように発揮できる平等社会ではなく、男性と同じだけの仕事をしても平等の報酬《ほうしゅう》を受けているとはいえません〉とも語っています。これは七〇年代初頭に語られた対談としては、先進的な発言です。

二〇一八年初頭、ＢＢＣ（イギリスの国営放送）の人気女性キャスターが、男性キャスターの半分しか給料をもらっていないことを告発《こくはつ》して抗議《こうぎ》の辞任をしたことが話題になりました。また一六年後半以降、アメリカの映画界を起点として、女性へのセクハラを告発する「＃ＭｅＴｏｏ」運動がうねりを上げ、世界へと広がっています。こうした現代社会であらためてトインビー対談を読み直してみると、男性優位の社会で虐《しいた》げられる女性の人権について語っている先見性に驚きます。

それと同時に、国際情勢はめまぐるしく変化しており、人権などの諸問題をめぐっては対談当時に想定されていなかった課題も出てきています。次代を担《にな》う青年たちが池田・トインビー対談の本質を読み解き、現代的な展開をしていくことがこれからますます重要となってくるでしょう。そうすることで、二人の対談が時代を超えて読み継がれていくことに私は期待しています。

初出　月刊『潮』
先駆者たち――ヨーロッパ篇（19）　（二〇一七年十一月号）
先駆者たち――ヨーロッパ篇（20）　（二〇一七年十二月号）
先駆者たち――ヨーロッパ篇（21）　（二〇一八年一月号）
先駆者たち――ヨーロッパ篇（22）　（二〇一八年二月号）
先駆者たち――ヨーロッパ篇（23）　（二〇一八年四月号）
先駆者たち――ヨーロッパ篇（24）　（二〇一八年五月号）
「識者の声」篇　（二〇一八年三月号）
（二〇一八年九月号）

単行本化にあたり、全編にわたって修正・加筆しました（一部、敬称を略しました）。
文中の年齢、肩書き等は原則として連載時のものです。また、引用文中のルビは編集部によるものです。

民衆こそ王者　池田大作とその時代 14
「トインビーとの対話」篇

2020年7月3日　初版発行

著　者　「池田大作とその時代」編纂委員会
発行者　南 晋三
発行所　株式会社　潮出版社
〒102-8110　東京都千代田区一番町6 一番町SQUARE
電話　03-3230-0781（編集部）
　　　03-3230-0741（営業部）
振替　00150-5-61090
印刷・製本　大日本印刷株式会社

Printed in Japan　ISBN978-4-267-02154-1 C0095

[http://www.usio.co.jp]